戦争と平和

「徐福伝説」で見直す東アジアの歴史

須田育邦（やすくに）・著

目次

はじめに～戦争の原因を考える

私と「戦争」との遭遇(そうぐう)

私が小学四年の時に、たまたま家の縁側(えんがわ)においてあったアサヒグラフという雑誌で、原爆被害の写真を見たことがありました。そのときは、ものすごい衝撃(しょうげき)を受けました。「これはとても普通の事故じゃない」と感じました。何かわかりませんが、すごい違和感というか、感覚的に異様(いよう)な感じを受けたのを、今でも鮮明に覚えています。このとき初めて、世の中には原爆というものがあることを知りました。それまではお腹(なか)の皮が痛くなるほど笑って暮らしていた小学生は、そののちは深い物思(ものおも)いに沈(しず)むようになりました。

では、「なぜ原爆が落とされたのか」と小学校の教師だった父親に聞いたら、「戦争があったからだ」という話になりました。続けて「では、どうして戦争が起きたのか」と父親に聞きましたが、はっきりした答えは返ってはきませんでした。また、他の誰に聞いても教えてはくれなかったのです。

戦争があったことは誰もが教えてくれます。でも「なぜ戦争が起きたのか」については学校でも教えてくれません。教えてくれるのは記録された事実だけです。日本が中国に攻め込んで戦争をして、そのあとはアメリカと戦争をして原爆を落とされたことは、たしかに教えてもらいました。しかし、なぜ戦争が起きたのかという疑問は、その後もずっと私の中で、燻り続けてきました。

中学になってから学校の図書館にいるときに、ラジオが興奮してケネディとかフルシチョフとかキューバとか放送しているのを聞きました。何か危ない話のようだと直感しました。

そんな体験から、私は、戦争の原因を究明しようと思いました。そして、最終的には、戦争のない世界になってほしいというのが私の願いです。

戦争のない世界にしていくために

「戦争をなくすためには何が必要か」と思い、「上の学校に行けば教えてもらえる、真理に近づけるかもしれない」という期待を持って、学校や学科の選択はしたつもりでした。埼玉県立浦和高校から東京大学文学部社会学科へ進みました。しかし、上の学校に行っても、そういう主題（テーマ）を取り上げている先生は、全然いませんでした。大学は騒然としてきて、学生運動が大学紛争に転化をしはじめていました。それなら、自分の独力でやるしかないと思い、いろいろな研究を始めました。

そうして発見したのが、世界観集団という理論です。これは誰かに教えてもらった理論ではありません。もちろん、さまざまな本を読みましたから、そうしたものの影響は受けています。しかし、既存の思想や宗教をそのまま受け入れているわけではなく、私の独創（オリジナル）です。私が独自に考えたものです。

本書では、戦争はなぜ起こるのか、それに対して「私の理論では、こういうことで起こるのだ」ということを自分流で解明したと思っています。そして、まずは一部の人にでも、「なるほどそういう接近方法（アプローチ）があるのだ」ということがわかっていただければ、本書の当初（とうしょ）の目的は達せられたことになります。

このような理論が、これまでなぜ、学問として扱われてこなかったのか、自分では不思議に思っています。本書をきっかけに、戦争の原因が一層（いっそう）解明され、戦争のない世界に一歩でも近づければ本当の喜びです。

第1章では、世界観集団の理論について述べ、第2章以降では、この理論を日本史全般へ適用していきます。そのなかではとくに、徐福東渡（じょふくとうと）の東アジア全体に与えた歴史的な意義を、本書で確認していただければと思います。

第1章　世界観集団の発見

◆人類の歴史は異なる世界観集団の盛衰(せいすい)の歴史

思想の相克が戦争を引き起こす

戦争の原因は、実はそんなに難しい話ではありません。結論を先に一口(ひとくち)で言うと、異なる思想や宗教の世界観の相克(そうこく)が、大戦争を引き起こしてきました。

非常に簡単で、ちょっと考えればすぐにわかりそうな話なのですが、要するに人類の歴史を動かしてきたのは、思想や宗教を共(とも)にする人たちの集団であり、その相克が戦争を引き起こしてきたのです。この集団については、名前をずいぶん考えたのですが、世界観を共通にしている人たちの集団ですから、「世界観集団」と最終的に命名(めいめい)しました。

地球上を見渡せば、例えばキリスト教を信じている人は何億人もいます。今は組織的には多数に枝分かれしていますが、イエス・キリストの救いを信じるという共通性を持っています。その意味で、キリスト教世界観集団が存在して活動しているわけです。

仏教を信じている人も何億人もいます。イスラム教信者も何億人もいます。あるいは欧米式の自由主義を信じている人も多数いますし、日本の場合は天皇陛下絶対の人もかなりいます。これらの思想・宗教は、時間と空間の壁を越えて、それぞれの世界観集団を形成しています。

歴史を研究してみると、そういう思想・宗教は、永遠の昔からあったわけではありません。どんな思想や宗教でも、最初は、ほとんどの場合、一人の人が創始しています。その思想や宗教がその時代の問題を解決するのに適切であれば、その集団は創始者1人から2人へ、2人から3人へ、3人から4人へと、広がっていくわけですね。すなわち思想・宗教が集団化を始めます。その集団に参加するために特別な条件が必要でなければ、この世界観集団は国家や民族を超越して拡大していきます。

世界観集団にある栄枯盛衰のサイクル

どんな大思想や大宗教も、最初は思想家、宗教家によって誕生し、その後は世界観集団という形をとって成長し、やがて非常に強大になり、その時代の世界全体を統治するまでに拡大していきます。しかし、最盛期を過ぎてから弱みが出てきて、そして衰退してバラバラになり、最後には滅亡してしまいます。これが世界観集団の理論です。このように見てくると、戦争の原因もまたよく見えてくるのです。

それぞれの世界観は、どれも違います。みんなそれぞれに目標を持っています。「こういう世界を作りたい、ああいう世界を作りたい」。それで成長していくと、時に衝突が起こり、そして戦争に至るわけです。地震であれば、地殻と地殻とがぶつかって発生するように、世界観集団と世界観集団の本体同士がぶつかると、時に大戦争になります。

自分が信じている思想、宗教は、誰しも自分のところが一番で、永久に続くだろうと考えている人が大半（たいはん）です。それが現実の有り様（ありさま）です。しかし、私のようなこういう接近方法（アプローチ）をすると、思想や宗教は相対的なものだということもよくわかっていただけると思うのです。「永遠の昔からあったものはない。永遠に存続（そんぞく）するものもない」と。ちょっと冷静に考えればすぐにわかることです。

私の心眼（しんがん）に写った世界観集団の姿は、誕生から成長し、その力が最盛期（ピーク）になってから衰退（すいたい）し、最後には消滅（しょうめつ）していくものでした。世界観集団の誕生から滅亡までは、人間の一生とよく似ています。「誕生→成長→隆盛→衰退→死」の周期（サイクル）です。すなわち「人類の歴史は世界観集団の盛衰の歴史である」と言うことができます。

◆世界観集団には寿命（じゅみょう）がある

世界観集団の寿命の計算方法

世界観集団には、必ず、誕生から隆盛、衰退、そして消滅への周期（サイクル）があります。そのため、誕生の時期と、最盛期（ピーク）の時期が確認できれば、現存の世界観集団の終末時期を予想することができます。

なぜ永遠の世界観集団がなかったのかと言えば、完全な真理や正義を説（と）いた思想・宗教が、まだなかったからでしょう。完全なものができあがっていれば、たぶんそれは永遠に続いていたはずですが、これまでの既存（きぞん）の思想や宗教では、完全なものはまだなかったと思います。例えばキリスト教が本当に一〇〇パーセント真理で正義の宗教ならば、中世（ちゅうせい）のほとんどの人々がキリスト教を信じていたような社会が、今でもずっと続いているはずです。

現実は、キリスト教信者の比率（ひりつ）は、今はもうずいぶん減っています。私が計算する世界観集団の寿命予想では、あと六〇〇年ぐらい先には信者がいなくなり、ほとんど終末を迎えそうです。

欧米で主流の思想は自由主義（リベラリズム）です。創始者が複数だという例外的な特色がありますが、自由主義も世界観です。これもあと五〇〇年ぐらいの寿命だと思います。

なぜそうなのか、どうやって計算したのかといえば、最初に集団ができてから最盛期になるまでにかかった年数と、最盛期から滅亡するまでの年数は、大体同じぐらいの時間がかかるのではないかと仮説（かせつ）を立てたのです。この仮説を用いて実際の歴史と照合（しょうごう）してみると、十分に信憑性（しんぴょうせい）があり、実用性があることがわかります。

キリスト教の場合は、創始が西暦30年で、今ふりかえってみると、西暦1300年頃が最盛期だったと思うのです。その間の年数は1270年です。そうすると、それに1270年を加算すると2570年ですから、あと600年ぐらい先には、キリスト教はほとんど消滅していると考えられます。皆さんは、千年後にもやっぱりキリスト教の集団があると思いますか。私はあり得ないと思っています。

キリスト教の教理では必ず世界の終末がきて、それがちょうど西暦1000年の頃に来るということがずいぶん言われていたわけです。実際は来なかったのですが、いつまで経っても、天から神が降臨してくることは起こりそうもないですね。それより先に、キリスト教を信じている集団の方が、あと600年ぐらいしたらほとんど影響力はなくなってしまうのではないかと思います。

イスラム教・自由主義の残り寿命も5～６００年

イスラム教が起こったのは西暦６１０年で、その最盛期だったのがオスマントルコの１５５０年頃（スレイマン一世統治の時期）でしょう。この間９４０年ですね。イスラム国だったインドのムガール帝国の最盛期が、１６００年頃のアクバル大帝統治の時期で、ここまで９９０年が経過しています。あの頃がイスラム教は、絢爛たる最盛期だったと思うのです。

最盛期の年に、創始から最盛期までかかった年数を加算すると、終末時期が予想できます。オスマントルコの最盛期を基準にすると、終末が１５５０＋９４０＝２４９０年、ムガール帝国の最盛期を基準にすると、１６００＋９９０＝２５９０年が終末予想時期です。あと5～６００年後ということになります。

１２００年頃、西欧世界では何があったと思いますか？　その頃はキリスト教もイスラム教も勢いが強かったため、十字軍なども出現し、頻繁に戦っていました。まさに世界観集団同士の戦争です。2014年現在は、キリスト教とイスラム教はいずれも最盛期を過ぎ去っていますが、いまだ緊張関係は残っています。

それから、欧米の価値観である自由主義ですが、その最初の精神は、文芸復興(ルネサンス)の頃(1350年頃)からきていると思うのです。すなわち近代の始まりです。自由主義が哲学的に確立したのはF・ベーコン(1600年頃)やデカルト(1650年頃)が活躍した頃です。そして、最盛期は、いわゆる「帝国主義の時代」の頃が、一番勢いが強かったと思います。

これは1900年頃のことで、帝国主義の時代は、自分たちが文明を広げ、自分たちが征服してあげるのがいいことだという考え方でした。当時は未開(みかい)の土地に文明を広げると自信満々でした。今ふりかえると、その頃が最盛期でした。始まりから最盛期までが1900−1350=550年。終末予測が1900+550=2450年。そんなに遠くないですね。

そして、なぜか偶然ですが、キリスト教、イスラム教、自由主義とも、いずれも終末予想時期が今から5～600年先と計算できました。

仏教・儒学・マルクス主義の場合

仏教の場合は、キリスト教とちょっと異なり、盛衰が読みにくいですが、仏教では、仏教自身終末があると言っています。将来は別の仏教の「弥勒の世」になるだろうと言っています。そういう意味で、今の仏教は永遠ではないと自分で認めているわけです。その点で、物の考え方に弾力性があります。

やはり、輪廻転生ではないですが、世の中には、何事にも周期があります。始まりがあって終わりがあるのは、これは宇宙の真理です。現代の自然科学、天文学の研究成果によれば、恒星にも宇宙にも、始まりがあって終わりがあるそうです。いわんや、地球上の世界観集団も始まりがあって終わりがないわけはありません。

なお、儒学世界観集団について見ますと、この集団の創始者は孔子で、紀元前４９０年前後に成立しました。最盛期は唐の時代で、西暦８００年として計算すると、ここまで１２９０年が経過しています。終末予想は８００＋１２９０＝２０９０年。今も儒学を自らの世界観としている人は、いるにはいるでしょうが、極端な少数派です。現在が終末期というのは現状に合致しています。

中国はマルクス主義の世界観、政治哲学を持っているわけですが、これも永遠に続くわけではありません。ソ連・東欧のマルクス主義政権はもう崩壊してしまいましたが、現状の中国は、鄧小平の指導以後は、経済建設は相当程度順調にいっています。

むしろ、鄧小平以後の中国のマルクス主義は大変化をしていて、階級闘争の話は聞かれなくなり、小康家庭（ややゆとりのある家庭）、調和世界が宣伝標語になりました。愛国的な民族資本家は党員幹部になれるし、インターネットの発達で外部世界との交流は自由主義諸国とそれほど変わりません。ネットでの言論は力を得てきています。

マルクス主義から大変化した「中国の特色ある社会主義」が、どこまで継続していくのかは、まだ最盛期が来ていないと思えるので予測が出来ません。なお中国では易姓革命という伝統思想が定着していて、現在の「中国の特色ある社会主義」体制が永遠であるとは誰も思っていないでしょう。

なお、台湾は孫文の三民主義が中心であり、大陸との思想的な違和感は非常に少なくなっています。こうした思想上の接近を背景にして、台湾企業の大陸での活躍は目覚しいものになっています。

総じて言えば、歴史を見る場合には、相対的にものを見ることが大切だと思います。本書においても、その姿勢は一貫しています。

◆「救いの創造」と「救いの破壊」

「救いの創造」が促進されれば社会は理想に近づく

世界観集団の実在がわかってから、「では、その世界観集団を大きくさせるものは何か」と考えました。また世界観集団が衰退し、縮小してくる理由は何かも同時に考えました。イメージは見えるのですが、それを自分の言葉で探すのには時間がかかりました。「こういう条件を満たせば、世界観集団は大きくなり、こういう条件にぶつかると世界観集団は縮む」ということが。

それで最終的に「救いの創造」と、「救いの破壊」という言葉に行き着きました。すなわち世界観集団の隆盛・衰退は、その世界観集団が救いの創造を行うと隆盛になり、救いの破壊を行うと衰退し滅亡していくということです。

「救いの創造」と、「救いの破壊」の具体例は千差万別(せんさばんべつ)ですが、難しいことではありません。たとえば、崖下(がけした)の山道に石が落ちていたとします。この石がそのまま道路上にあったら交通に危険です。気がついて路上から取り除く行為は交通事故という「救いの破壊」を防止します。社会的に価値ある行為です。社会的な影響が大きい例では、山中伸弥(やまなかしんや)氏が発見した万能細胞(ばんのうさいぼう)は、多くの病気を治療できる可能性があるそうです。こういう発見はその規模(きぼ)が極めて大きな「救いの創造」の促進(そくしん)になります。

これらは個別の具体例です。誰もが自分の才能に応じて、またその場の状況に応じて、「救いの創造」の促進(そくしん)、あるいは「救いの破壊」の防止に努(つと)めれば、社会全体が理想に近づきます。

世界観集団の単位で観察しますと、ある世界観集団の活動によって、その社会に「救いの創造」がもたらされてくると、その集団は安定し大きくなって行きます。そして、時間が経ち、その集団の中で、次第に矛盾(むじゅん)が出てくるという状態になります。矛盾が出てきて、どうしても解決ができなくなると、これは「救いの破壊」という状態になります。そうなるとその世界観集団は衰退を始めます。集団の力量は弱くなる、規模が小さくなる、それで説明ができると思います。

「救いの破壊」が発生すると苦痛が生じる

「救いの創造」がある時は、人々にはこの世に生れて来た喜びと感動があります。他者のために「救いの創造」を行っている人々には、人生に充実感があります。反対に「救いの破壊」が発生したときは苦痛が生じます。その最たる例は戦争です。戦争に巻き込まれて、その被害を受けると、人々の苦痛は最大になり、なぜこの世に生まれてきたのかわからなくなります。犯罪も救いの破壊の典型です。

以前にオウム真理教の事件がありましたが、不可解な犯罪でした。今の日本には不可解な犯罪が多発しています。思想・宗教の抑止力が十分でないことを反映しています。今の日本は自殺者が多いことも問題です。自殺をするということは生きていることが苦痛だからです。年間の自殺者が三万人前後ということは、日本社会に広範囲に「救いの破壊」が起こっていることの反映です。なぜなら実際に自殺した人の背後には、その数倍・数十倍の、いま死んでもよいと思っている多数の人々がいるからです。

事故に遭い、病気になることも「救いの破壊」です。医学大事典を見ると、実に多くの病名があります。いまだに原因不明の難病が多いですね。しかし、こうした病気を一つでも治せるようになれば、それが「救いの創造」になります。

喫煙は発癌を始め、多くの病気の引き金になっていることは周知の事実です。それなのに国家公認で煙草を製造販売している国がまだ多いのが現実です。日本は世界に先駆けて、煙草の製造販売を禁止して欲しいと思います。

世界情勢について、私の考え方だと、腹が立つことは少なくなります。最後は時間が解決すると楽観できるからです。たとえば、いま中東で自爆テロ行為をやっている人がいても、イスラム教は最盛期を過ぎてしまっているのに、と思うわけです。一部の人は昔の栄光を取り戻そうとして焦（あせ）っているなと思うわけです。昔に戻そうという情熱がまだ残っているから、自爆テロといったことが起こりうるのです。しかし自爆テロをいくら繰り返しても、イスラム教が昔に戻って最盛期の繁栄を取り戻すことはできません。

日本の隣国に北朝鮮があります。２０１３年は核ミサイルを発射すると言って、日本を含めて非常な緊張が走りました。国内的には人権弾圧であるとか、飢（き）餓（が）が発生していると報じられています。問題の多い北朝鮮の政権を成立させている世界観には関心があります。

北朝鮮の学校では、どのような歴史教育が行われているのか、資料がそろったら研究してみたいと思います。どういう論理（ロジック）で、金日成氏が神格化されているのか、残念ながら、資料が意外と手近（てぢか）に見つかりません。北朝鮮が改革開放に踏み切れば、東アジア全体の安定化に貢献すると思うのですが。

歴史の実例に見る「救いの破壊」

歴史上の「救いの破壊」の例として、キリスト教の場合は、中世ヨーロッパで最盛期となった時に、黒死病（こくしびょう）すなわちペストが大流行しました。1348年からのことです。その影響は極めて大きく、人口の3分の1程度が減ってしまいました。神がなんでこんなことをされるのか誰にも分かりません。最初は伝染病だということすらわかりませんでした。

当時の人々は、やはり神が何かを罰したのだろうと考えます。最初はそう思ったでしょう。ただ、罰するにしても「これはあまりにひど過ぎるじゃないか」と思った人も多かったはずです。「神様は一体何を考えているのだ」と反感を持った人も出てきたでしょう。神を信じられなくなった人も増えたに違いありません。家族や友人など大事な人が何も悪いことしていないのに死んでいくのですから。

よくないことが起こると、教会では説明に困ったので悪魔のせいにしたわけです。そして、いわゆる魔女狩り（まじょがり）が大大的（だいだいてき）に起こりました。魔女と見なされた女性は、悪魔と結託（けったく）していると勝手に決め付けられ捕まえられて、火あぶりにされてしまいました。残酷な話ですが、これはまさに「救いの破壊」の連鎖（れんさ）です。

また、教会は、魔女に限らず「人はみんな罪を犯している」と言い、「免罪符（めんざいふ）を買えば罪は許される」と高い値段で売りつけることまでします。そのため、「それはおかしいじゃないか」と、マルチン・ルターが宗教改革に立ち上がったわけです。しかし、その時はすでにキリスト教は最盛期を過ぎてしまっていました。

そこで、そうした信仰の裏返し（アンチテーゼ）として、科学が起こってくるわけです。やはり、科学的に物事を見なくてはいけないと、ここから自由主義世界観が出現してきます。依拠（いきょ）する人間観は理性です。すなわち合理主義哲学です。しかし、すでに書きましたように、自由主義の世界観集団もまた最盛期はすでに過ぎ去って、さまざまな矛盾が現れてきているのは、みなさん、よくご存じの通りです。

自由主義世界観の限界

自由主義世界観集団での最大の矛盾は、国家間の戦争を原理的に防止できないことです。近代社会が出現してから発生した戦争は数知れぬほど多いのですが、これは、主権国家を政治の単位として承認し、国家間の戦争の発生を政治の延長として容認したからです。2度の世界大戦を経過し、さすがに第3次世界大戦は不可能との共通認識は出来ていますが。

それから心の健康から言えば、日常の経済活動において競争が過度になり、ストレスから病を多発してしまいます。また、環境破壊も深刻です。環境の悪化は、知らないうちに病気の原因になることがあります。

経済・財政では、競争力の弱い国では財政危機が、競争力の弱い企業や個人は常に倒産や失業の不安にさいなまれてしまいます。競争社会は科学技術を発達させるには優れた体制です。しかしその成果が悪用されると最新兵器（ＡＢＣ兵器等）に転化してしまうのです。また、その成果を多くの人々に行き届ける体制（システム）が不十分です。これらの問題のために、自由主義世界観集団は、下り坂（くだりざか）にあるのだということを、十分に認識する必要があります。

世界観の持つ四層の論理構造

最後に、世界観の持つ四層（よんそう）の論理構造（ろんりこうぞう）について触れておきます。世界観は論理構造を持っています。最初は「人間観」です。人間性についての定義です。例えば仏教ならば人間性は四苦八苦（しくはっく）です。儒学ならば仁（じん）です。キリスト教ならば罪（つみ）と悪です。自由主義ならば理性です。マルクス主義ならば労働です。いずれの世界観も、論理体系の最初は人間性の定義です。

なお、仏教の教理では、未来の仏教の主役は弥勒菩薩（みろくぼさつ）です。中国で仏教寺院（じいん）に行くと、容貌が七福神の布袋様によく似た仏様が鎮座していますが、中国仏教ではこの方が弥勒菩薩です。では将来の仏教の人間観は何かといえば、私は「四楽八楽」ではないかと想像しています。人生は本来楽しみに満ち溢れているという人間観になるのではないでしょうか。これは確かに「救いの創造」が実現している世界です。

二番目は定義された人間を主役にした「歴史哲学」です。三番目は「政治・行動原理」で、善悪の基準も示されます。四番目は「未来観」で、未来の世界の姿が「未来観図」として具体的に語られます。未来観図を見ると、すべての世界観の終局の目的が、「救いの創造」であることを知ることができます。

私の研究結果では、すべての世界観の論理構造は同一です。つまり、人間観→歴史観→政治・行動原理→未来観の四重構造だということです。

なお、ナチズムは、ヒトラーが世界観として意図的に考案したものです。アリアン人種だけが文明を創造できるという、事実に合わない前提で考案しました。世界観としての論理構造を持っていたので、事実に合わなくても政治力を発揮したことをご理解ください。

これまでの思想・宗教には、１００％真理で正義だったものはなかったと前述しました。すなわち、これまでの人類の歴史は世界観集団の試行錯誤による盛衰の歴史でした。ナチズムはその錯誤の最たるものでした。ご参考までに、これら世界観の持つ四層の論理構造を表にしておきました。

また、実際の世界観集団の盛衰の図表も掲載します。横軸に時間を、縦軸にその世界観集団の力量を表示すると、なだらかな山の姿になります。

●世界観の四層の論理構造

世界観	人間性	歴史哲学	政治・行動原理	未来観図
仏教	四苦八苦	輪廻転生	解脱（げだつ）、菩薩行（ぼさつぎょう）	涅槃（ねはん）、極楽
儒学	仁	易姓革命	礼（人倫の実践）	治国平天下
キリスト教	罪と悪	天地創造と終末	贖罪	天国と地獄
自由主義	理性	進歩史観	科学と経済	豊かな社会
マルクス主義	労働	史的唯物論	階級闘争	共産社会
ナチズム	創造	適者生存	優秀人種の増殖	超人の世界
新世界観	救いの創造	世界観集団の盛衰	救いの創造	ミロクの世

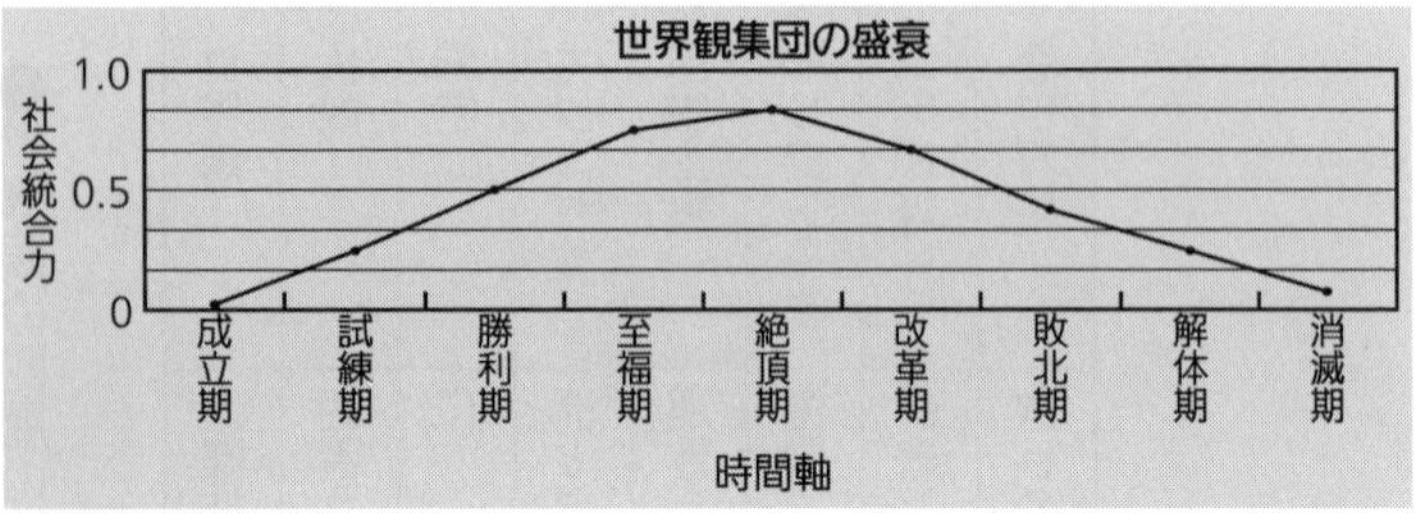

西欧歴史図

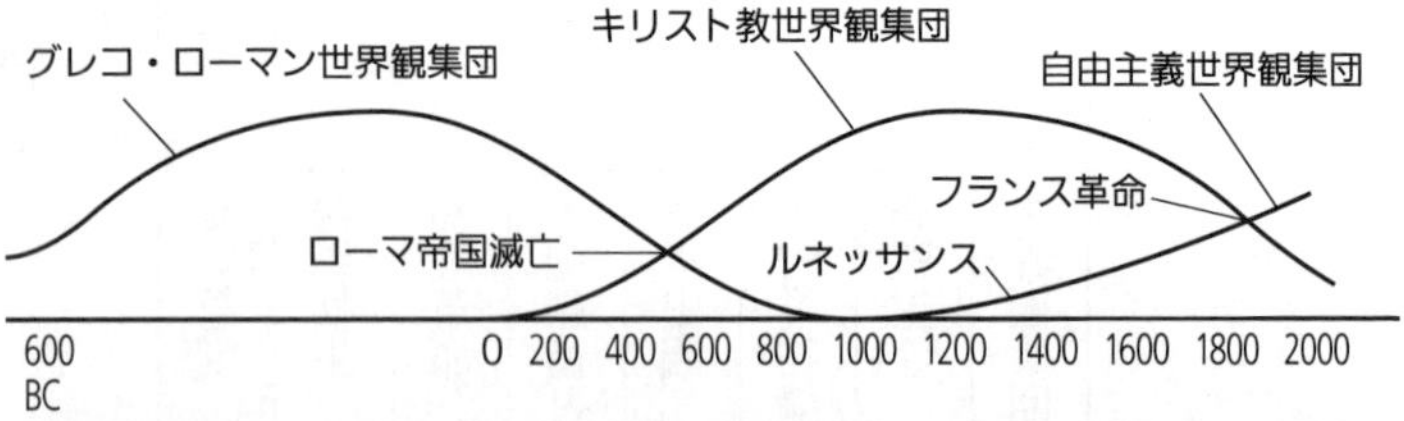

中国歴史図

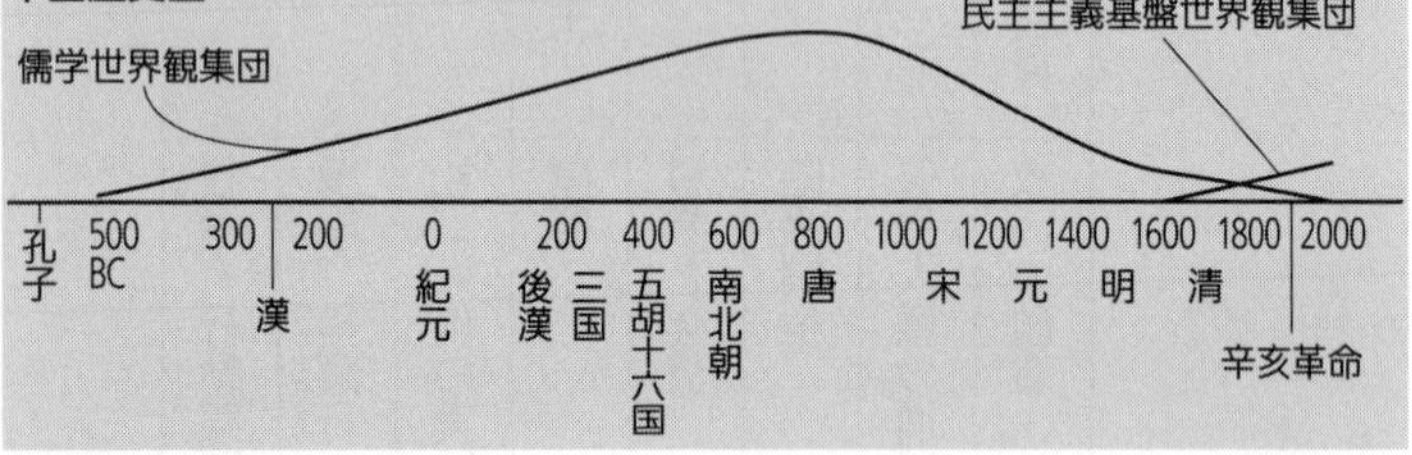

日本歴史図

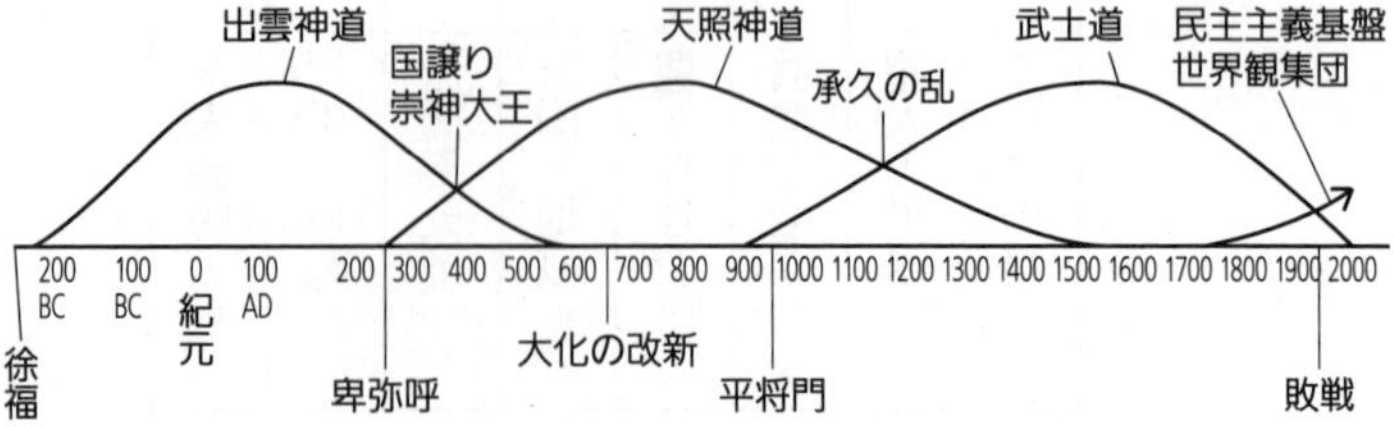

第2章　徐福（じょふく）と日本の古代

◆日本古代史解明のキーパーソン　徐福

なぜ日本古代史にはいまだに謎が多いのか

世界観集団の理論を日本古代史に適用して考察してみます。すると、これまで不明瞭だった日本古代史の根本の姿が明瞭になってきます。その際、理解の鍵を握る人物がいます。まだ知名度が低いですが徐福です。古代日本の弥生時代の成立に、実は徐福が巨大な役割を果たしています。徐が姓で、福が名前です。文献によっては徐市と、その姓名が書かれています。

さて、なぜ日本古代史はいまだに不明瞭なのか。その原因は、日本の歴史は大化の改新より前のことは、文献記録が非常に少ないからです。実は文献記録がないというよりは、古い文献資料が政治的な理由で廃棄されたと思われるからです。

古代の歴史の半分は、神話という形になっていますが、不思議な話が多いですね。むしろ「おかしい、そんなはずはない」というのが私の最初の感じ方でした。高校の時に日本史の授業はありましたが、何かおかしいと思っていたため、正式には履修しませんでした。

今日の高校日本史の教科書を調べても、徐福の記載は全くありません。しかし、徐福の事績は、司馬遷の史記のなかに、東渡したという記述があります。いわゆる「徐福東渡」です。その東渡先が日本である可能性が極めて高いのに、中学・高校の歴史教科書に記載がないのは全く不自然です。徐福を教科書に記載できない理由があるからだと思います。教科書は大体、考古学の発掘成果から始まって、聖徳太子や大化の改新の頃から記述が急に細かくなります。それ以前の歴史区分は弥生時代とか古墳時代という区分になっていて、人々がどのような思想や宗教を持っていたのかをほとんど無視した記述になっています。

卑弥呼の時代に天照大神がはじめて出現した

土器の形状であるとか、古墳がたくさん築造されたということをもって歴史区分とするのは本来不適切です。時代区分の大原則は、それぞれの時代や地域がどのような思想や宗教で統治、維持されていたのかという観点です。そのため私が最初に興味を持ったのは、歴史的な事件を引き起こした人々の思想や宗教の内容です。聖徳太子や、大化の改新を遂行した人達の思想や宗教は、歴史教科書に記述があり、それは太陽神、天照大神を中心とした世界観にもとづく政治運動でした。日本神話の内容を少し勉強すれば、すぐにわかります。

世界観集団の盛衰の理論からすれば、天照大神中心のこの集団も永遠の昔からあったわけではありません。どこかで誰かが創始した集団です。誰が創始者かと言えば、卑弥呼だろうと言うことは確定的ですが、西暦２３９年に卑弥呼は魏に使いを送ったことが魏志倭人伝に書かれていますので、集団が成立したのはそれより少し前でしょう。西暦２２０年前後でしょう。

そうならば、卑弥呼以前は、別の世界観によって社会が維持されていたことになります。卑弥呼の太陽神中心の世界観よりもっと前には、別の世界観があったはずだと思ったわけです。それはどんな世界観でしょうか。そこで徐福という人物がいると気づいたわけです。教科書にはその点の記述がないのです。

なお、卑弥呼が創始者のこの集団の名称としては「天照世界観集団」が適当で、これからはこの名称を必要に応じて使用します。俗称としての大和朝廷、大和王朝は、この集団が政権を保持・行使していた時の名称です。

弥生時代の支配思想は徐福がもたらした

卑弥呼以前は何が中心思想かと言えば、それは徐福が日本に持ってきた思想、宗教だと思います。そして、現在につながる神道の宗教形式をもたらしたのが、徐福集団だと思うのです。実際、中国の道教と、日本の神道はよく似ています。

これらは、天照大神を中心とした考え方よりもっと古い時代の世界観集団です。農耕稲作の弥生文化を形成した思想、政治体制であったということができます。

例えば、伊勢神宮の内宮は太陽神・天照大神をお祭りしていますが、外宮は豊受大神をお祭りしていて五穀の神様です。内宮と外宮は同格ですが、内宮の神様よりも外宮の神様の方がより古い神様です。正式参拝は外宮が先です。

最初は景行大王の時代に、倭姫命によって、今の場所に天照大神をお祭りする神宮が作られました。しかし、太陽神中心の神宮がそれだけでは安定秩序が作れず、雄略大王の時代にそれまでの五穀の神様に同格で来ていただいて、今の伊勢神宮になったのです。

すなわち、一般の人の間では、卑弥呼以前は稲荷神社や伊勢神宮外宮の神様のような五穀の神様への信仰が中心だったはずです。特に稲作自体が、古くから日本人の信仰の対象でした。稲荷神社の神様の正式名称は、宇迦之御魂神です。代表的な稲荷神社としては、京都伏見稲荷、豊川稲荷、笠間稲荷、祐徳稲荷などがあります。

なお、稲荷神社でよくある誤解は、稲荷神社では狐が神様だという誤解です。狐は穀物の神様のお使いをしたり、お守りをしたりしています。実際「伊勢屋、稲荷に、犬の糞」だとか、「薬九層倍、百姓百層倍」だとか、米は一粒が八十八倍になるので米の文字が出来たとか、米作りは身近な話題を提供してきました。穀物霊は福の神、恵みの神様の代表です。

この穀物霊の信仰を大規模に持ってきたのは、やはり徐福集団だと思います。徐福伝承には必ず三千人の童男童女と百工と五穀の話が出てきます。なお百工とはあらゆる種類の技術者集団のことです。

そして、当時日本三島（九州、四国、本州）には広範囲に未開拓地がたくさんありましたから、初期の開拓時代の頃は、物事は順調にいったと思います。紀元前２００年頃から、稲作が急速に広がったことは考古学によって裏付けられています。

その後、朝鮮半島から須佐之男大神が製鉄技術を携えて、出雲に天下ってきて、徐福の集団と縁結びをします。これは出雲神話に出てきます。そして、政治体制では徐福集団と縁結びをした出雲の須佐之男大神と、その後継者の大国主神を中心にした政治世界が、確かにあったと考えられます。なお出雲の鉄作りは順調に発達し、今の工業大国、日本の根幹産業になっています。

このように、徐福は日本国の成り立ちに大きく関わっているのです。しかし、ずいぶん前から開催されている徐福国際シンポジウムでは、いつも問題になるのが、「徐福たちは日本に大規模な形で来ているのに、日本の正規の歴史書のどこにも書いてないのは何故なのか」ということです。「なぜ文献がないのだ」とよく言われます。

◆大山祇神（おおやまつみのかみ）が徐福であるこれだけの理由

徐福とは日本の歴史書に書かれている誰のことなのか

古文献（こぶんけん）が物的（ぶってき）にないのは、後述（こうじゅつ）の政治的な理由により廃棄（はいき）されたと思われるからですが、日本古代史にとって大きな歴史的大事件である「徐福東渡」が、日本の歴史書に何らかの形で記録されていないわけはありません。ただ、実際には徐福という名前は見当たらず、別の名前で記載されていると考えられています。

そのため、それは誰なのか、いくつかの説（せつ）があります。

天御中主神説（あまのみなかぬしのかみせつ）、伊奘諾尊説（いざなぎのみことせつ）、熊野権現（くまのごんげん）説、須佐之男大神（すさのおのおおかみ）説、神武天皇（じんむてんのう）説、饒速日命（にぎはやひのみこと）説、大山祇神（おおやまつみのかみ）説などなどです。

これらの中で神武天皇説は、台湾の研究者、衛挺生（えいていせい）氏の論考が知られています。どちらも日本初代の天皇、国王だと言う点に着目した説です。徐福研究者の中に多少の支持者がいます。

熊野権現説については、熊野周辺の和歌山県新宮市には昔から徐福伝承があり、現在も連綿として徐福祭祀が行われています。毎年8月のお盆の時期に開催の徐福万燈祭には多くの参加者があります。熊野権現には多くの神名がありますが、これら神々と徐福との関係が深いことは確かです。

天御中主神、伊奘諾尊、須佐之男大神、饒速日命の神々は、いずれも重要な神々ですが、徐福伝承と、これら神々との共通性を見出すのは困難です。大山祇神説は、次に述べるように私の説です。

大山祇神と徐福のこれだけの共通点

私は10年以上も前から、徐福は日本の正史である古事記では大山津見神、日本書紀では読み方は同じで、大山祇神という名称で記載されていると言い続けてきました。その理由は、あまりにも両者の間で神としての共通点が多いからです。またそのように仮定すると多くの疑問が解けるからです。以下にその共通点をまとめてみましょう。はっきりしているものだけでも12もあります。

1. ともに山の大神（おおかみ）であり、また航海の大神であった。

各地の大山祇神を祭る神社では、どこでもこの記載があり完全に一致しています。山の神でありながら、航海の神というのは、滅多（めった）にあることではありません。

2. ともに三つの島を探険し開発した神であった。

徐福は、蓬莱（ほうらい）・方丈（ほうじょう）・瀛洲（えいしゅう）の三島（さんとう）を探検（たんけん）・開発しました。大山祇神もまた三島（本州・四国・九州）を探険・開発した神です。蓬莱が本州、方丈が四国、瀛洲が九州を意味すると考えるのが自然な解釈だと思います。全国に三島神社（みしまじんじゃ）という名称の神社が多数（たすう）ありますが、ここの神様には三島大明神（みしまだいみょうじん）という呼称（こしょう）があり、その理由は三つの島を開拓・開発した神様だからで、その御神名もまた大山祇神なのです。ともに航海の神様だからこそ、探険・開発ができたのだと思うのです。

3. ともに水田稲作・農耕の神、水利の神であった。

各地の大山祇神を祭る神社では、共通して水田稲作・農耕の神、水利の神として信仰されています。徐福も水田稲作の米作りの神様なのです。

4. ともに医薬の神・不老長寿の神であった。

各地の大山祇神を祭る神社では、大山祇神は医薬の神、不老長寿の神として崇敬されています。徐福は医学や薬学の専門家でした。徐福東渡の表面上の目的は、始皇帝のために不老長寿の仙薬を採取することでした。

5. ともに鉱山、温泉、林業の神であった。

瀬戸内海の大山祇神社の御神徳の一つに、鉱山・林業の守護があり、近くには別子銅山があります。徐福は鉱山や温泉を開発しましたが、たとえば、佐賀県の武雄温泉や古湯温泉は、地元の人はみんな、徐福が開発した温泉だと言っています。なお、これらは山の神の御神徳に含まれているといえます。

6．ともに酒造りの神でもあった。

京都の梅宮大社の御祭神は大山祇神であり、その御神徳は酒造りです。同じ京都にある松尾大社も酒の神として有名ですが、渡来人の秦氏の創建です。秦氏はすなわち秦帝国からの渡来者で、徐福集団と無関係ではありえません。

7．ともに雨乞いの神であった。

徐福は天気の予知に特別な能力を持っており、雨乞いの神とされています。航海や農業のためには、季節の変化や天気の予知に長じていないと、できるものではありません。神奈川県伊勢原市にある大山阿夫利神社の御祭神は大山祇神で、雨乞いの御神徳が記載されています。「阿夫利」は「雨降り」と同じで、「雨を降らせる」の意味です。

なお、この大山阿夫利神社は関東総鎮守(かんとうそうちんじゅ)の神社であり、江戸時代中期には大山詣(おおやまもうで)が大流行しました。現在も関東各地から参拝に来られる大山講(おおやまこう)の人々も少なくありません。ちなみに、２０１２年には皇太子殿下が参拝されています。

また、佐賀県の金立(きんりゅう)神社は、御祭神の神名が徐福であるという稀有(けう)な神社で、その主要な御神徳は雨乞いなのです。

8. ともに養蚕(ようさん)・紡績の神であった。

山梨県富士吉田市にある浅間神社(せんげんじんじゃ)は、大山祇神等をお祭りしていますが、当地は以前から養蚕・紡績が盛んでした。その御神徳に養蚕・紡績があります。そして、富士吉田市には徐福伝承があり、徐福が養蚕・紡績を伝えたと言われています。浅間神社境内(けいだい)に隣接して、最近、徐福碑(じょふくひ)と日中友好の碑(ひ)が建てられました。

9. ともに子授(こさず)け・安産(あんざん)の神であった。

徐福の船舶には大勢(おおぜい)の童男童女が乗り込みました。彼らは上陸後にすぐに結婚し、子孫が繁栄しました。すなわち徐福は子授け・安産の神と言うことができます。日本の神々の中で子授け・安産の神としては、東京では日枝神社の大山咋神が徳川家の産土神として有名です。この神は大山祇神、須佐之男大神の子孫で、京都比叡山の開発者であり、その山の地主の神です。

10．ともに軍神・武神としての側面があった

徐福集団には、集団の防衛のために多少の武力をもった人員も乗船しました。すなわち軍神、武神を統率した一面があります。一方、愛媛県の大三島にある日本総鎮守の大山祇神社は、武人の信仰が厚く、多数の刀剣や甲冑など武具が奉納され、一部国宝の指定を受けています。一カ所にある国宝の数では、日本で一番多いと言われています。大山祇神は、瀬戸内海を根拠地にした水軍から絶対の信仰を得てきました。大山祇神は軍事・防衛の神としての性格も持っているのです。

11．ともに鎮守の神であった

私は、始皇帝が徐福に命じた不老長寿の対象は、始皇帝の身体・生命ではな

く、始皇帝の作り上げた中華世界だと思っています。始皇帝は、生前に巨大な陵墓を築いてあり、一方、中華世界の防衛のためには巨大な万里長城を築きました。始皇帝の不老不死の仙薬を探すために、すぐに役に立たない大量の童男童女を、東渡の船に乗せるなどあり得ないことです。実際は、徐福は東方の辺境にあって、本国中国を鎮守することを、本来の任務にしていたと考えられます。一方、大山祇神は日本総鎮守の神です。奈良、京都に都が作られる前の、倭国の時代からの鎮守の神です。すなわち両者ともに「鎮守」を意味する、「辺境の地にあって本国を防衛する」ことで一致しているのです。

12．ともに王権の成立に関係が深かった

司馬遷の史記の記載によると、徐福は「平原広沢」を得て王になりました。すなわち、「広い平野と湿地」を領地とする王国の国王です。一方、日本神話での大山祇神は、出雲王朝とも、神武・崇神王朝とも深いつながりを持っています。出雲神話の主の須佐之男大神は、八岐大蛇を退治して、稲田姫命と結婚されましたが、稲田姫命の父親は足名椎命で、大山祇神の子孫です。また神武・崇神

王朝のご先祖の、邇邇芸命は木花咲耶姫と結婚されましたが、木花咲耶姫は大山祇神の娘であると、神話に記載されています。

このように、日本の神話時代の王権の成立に、大山祇神が重要な関与をしています。出雲王朝にしろ、神武・崇神王朝にしろ、自分たちのご先祖が大山祇神と縁結びをしたことを誇りにしていて、それが自分たちの王権の正当性を示す一つの重要な根拠になっているように思われます。

なお、大山祇神の別称として三島大明神があり、この三島大明神の意味の中に三島を初めて統治した国王という意味が込められていると思います。

共通点はまだまだたくさんある

ざっと見ただけでも、これだけの共通点があるのです。これ以外にも、まだ調査中ですが、さらに、いくつか関連がありそうな点があります。たとえば、徐福は捕鯨の神で、史記の記載に大鮫退治の話があります。

この大鮫は鯨かも知れません。一方、日本の捕鯨業の中心地は、佐賀県唐津市呼子町、和歌山県太地町などで、いずれも徐福伝承があるのです。彼ら捕鯨漁民の信仰と大山祇神は無関係ではないと思います。大山祇神は海の神でもあるからです。

また、日本各地に陶磁器の産地は多数ありますが、陶磁器の製造技術は中国または朝鮮経由で入って来ました。それぞれの地方の土質の特色と当地の陶工の技術開発で、日本では多様な陶磁器文化が成立しました。徐福伝承の強い地方に、陶磁器の産地が多くあります。佐賀県有田は徐福伝承地に近く、その伊万里焼は有名で、大山祇神の御神徳に陶磁器製造があるのではないかと調査しています。

徐福の船団には、中国の歴史書なども積み込まれたものと思われます。そして、日本上陸後の出来事も、当然書き続けられていたことでしょう。となると、徐福は日本にとって、文字の神、文学の神かもしれないのです。しかし記紀神話にとって、大山祇神を文字の神にすることは都合が悪いので、天智・天武王朝以後に、禁止されたと私は推測しています。大山祇神が、これまで書いてきたような御神徳を発揚されるために、文字の使用がないとは考えられません。

日本での文字の使用は、「徐福東渡」以前に、例えば徐福よりも先に東渡したと考えられる越人が漢字の使用を始めていたのかも知れません。日本の地名・名字は昔から漢字表記であり、最初の漢字伝来は非常に古い時代であったと思われます。

いずれにしても、以上のような徐福と大山祇神の「神格」の一致から、私は、大山祇神は徐福に間違いないと確信しています。もし、大山祇神という神が徐福でないならば、大山祇神はいったいどこから来てどんな活躍をしたのか、何かもっと詳細な記述が、あって当然だと思います。

記紀神話では、伊奘諾尊が、禊をした時に生まれたというような記述があるだけで、これほど多くの知識・技術をどのようにして習得されたかの記述は全くありません。記紀神話が本当の歴史の記述を、相当に省略していることが感じ取れます。

◆徐福研究は日本ではなぜ長い間タブー（禁忌）だったのか？

2回あった徐福のタブー化

徐福の名前は、１９８２年に中国江蘇省連雲港市で徐福村が発見され、徐福の存在が事実であると報じられるまでは、日本でも中国でも伝説上の存在でした。いやそれ以上に、日本では政権にとってタブーの存在だったと言っても、決して過言ではありません。タブー化は二回ありました。

最初のタブー化は天智・天武王朝の時からです。大化の改新という日本独立革命の時に、多くの秘密が作られたことと関係があります。徐福が中国皇帝のもとでの日本の初代国王ということになれば、記紀神話が成り立ちません。日本の対中国関係で言えば、大化の改新は分水嶺でした。倭国から日本への独立の前後で、日中関係はすっかり変わりました。

二回目は明治維新の時からということになります。明治政権は成立の初期から、大陸への領土的野心を持っていました。徐福の話が本当の話ということになれば、武力を行使して大陸に進出するという国策にとって、大きな心理的なブレーキになります。

そのため、大化の改新のときは、記紀神話編纂の時に、中国人であることが明瞭な徐福という名称は一切使わずに、徐福の名前は天の岩戸の中に封印されたのです。しかし徐福の存在を記載しないと神話が成り立ちません。そこで、徐福の名前は大山祇神に変えられて記載され、その事績は各神社で、御神徳として言い伝えられています。

二回目の明治維新以後は、徐福の話は単なる伝説であって、実際の歴史とは無関係という態度が、政府でも学界でも採られました。憲法上、表現の自由、学問の自由が広範に認められるようになった今現在でも、大学で徐福を研究している研究者は数えられる程です。

また、大山祇神をお祭りしている各地の神社でも、大山祇神を紹介するときに、天照大神の兄神であると記載したり、三島大明神の三島の意味を伊豆七島の三島（さんとう）ではないかと記載したりしており、神社本庁（じんじゃほんちょう）に遠慮（えんりょ）している様子がうかがえます。とにかく、日本の政府や相当多くの神社、大学には、徐福研究に禁忌（きんき）感（かん）、タブー感があることは間違いないでしょう。

一方、徐福伝承の強い各地では、自治体（じちたい）が相当な熱意をもって徐福祭りや研究会に支援を行い、中国・韓国の徐福伝承地と交流をしています。これらの地方では、徐福は郷土（きょうど）の誇りです。

タブー化された背景を探る

さて、ここで、二回のタブー化の背景を考察してみたいと思います。東アジア全体の歴史を紐解くと、中国系と北方アジア系の二つの文明・民族は、長期にわたって、万里の長城をはさんで、抗争を繰り返してきました。これら北方アジア系民族は中国の古い歴史書に、匈奴とか鮮卑などとして記載されています。軍馬に乗って、弓を射るのが得意な民族です。始皇帝や漢の武帝などは、長城を築いて北方アジア系民族を相当程度封じ込めてきましたが、中国国内の内乱とかに乗じて、北方アジア系民族は万里の長城を乗り越えて、何度も中国国内に攻め入り、多くの国を建国してきました。

南宋や明の時代になると、北方民族の戦闘能力が飛躍的に高まり、ついに蒙古族と満州族は中国全土の征服に成功し、それぞれ元王朝と清王朝を建国しました。日本古代史を理解するためにも、大化の改新当時、すでに東アジア全体で起こっていた、北方アジア系民族の軍事力・政治力が、中華民族に対して優勢になっていった時代背景を重視する必要があります。

私の古代史理解では、日本古代においてもこの流れは生じていて、その典型的な一場面が日本独立すなわち大化の改新でした。その時に権力の中心が、中国系の蘇我氏から北方アジア系の藤原氏に変わったという理解です。この時から日本の政権にとって日本国の性格が、「中国を守るための鎮守の国」から、「中国に攻めこんで新王朝を建設するための橋頭堡」になったということです。大化の改新はまさに日本古代史の分水嶺でした。

日本が中国本国のための鎮守の国である時は、徐福の存在には何のタブーもなく、各種の文献に公式に記録されていたはずです。倭王時代の古墳の中から徐福、あるいは徐市という漢字文字が出土する可能性は高いのです。一方、中国から独立して、機会があったら中国に攻めこんで、元や清のような統一アジア王朝を日本主導で樹立したいと考えている人にとっては、徐福が日本初代国王であっては、非常に具合が悪いことになります。徐福王国がなぜ滅んで、自分たち天智・天武王朝が正当王朝であるのかを論証しなくてはならなくなります。これらの説明で、徐福がなぜ天智・天武王朝で、また近世の明治政権でタブーになったのか、ご理解いただけると思います。

◆徐福はどこの出身のどんな人物だったのか？

徐福に大きな影響を与えた道教

徐福の出身地は、中国の羅基湘教授（歴史地理学）らの考証によって、現在の江蘇省連雲港市贛榆県金山鎮徐福村であるとされています。羅基湘教授の考証は説得力があり、よほど別の証拠が出現しない限りこの場所だと信じていいと思います。ただし、徐福の郷里を主張する他の場所の山東省龍口などもあり、多少の流動性はあります。

贛榆にある徐福村は、広い敷地に徐福像と徐福廟が建設されて、最近は毎年秋になると徐福祭りを開催しています。また、徐福村のある連雲港市は、やはり徐福の縁で、日本の佐賀市と交流が緊密で、両市は1998年に友好都市になりました。

私は徐福村へは何回か訪問していますが、徐福祭りのときは、たくさんの人々が徐福廟に集まります。その時の熱気は相当なものですが、平時の訪問者は、それほどでもなく、ゆっくりと資料を読み、廟内外をゆったりと散策できます。一方、佐賀市には徐福長寿館があります。金立山の広々とした山麓に建てられています。長崎自動車道・金立サービスエリアのすぐ近くです。

徐福の「人となり」を知るには、ひとつはその思想や宗教が何だったのかを知ることが重要です。歴史上、中国の思想・宗教に大きな足跡を残したものに、道教、儒学、仏教があります。この中で徐福に直接的な影響を与えたものは道教です。それも広い意味での道教です。道教は神仙の道とも言われます。

その起源を探ると、中華民族の成立と同時に出現してきた宗教です。道教と言う言葉自体は、時代的には新しいと思います。しかし道教の原型になった信仰は、「三皇五帝」の行動から知ることができます。また、道教は日本の神道と非常に類似(るいじ)しています。

私の理解では、道教も神道(しんとう)も神々(かみがみ)が中心です。神とは偉人(いじん)・天才であり、また偉大な大自然です。道教も神道も神々に近づくために参拝し、時に修行(しゅぎょう)をします。神社のあの赤い鳥居(とりい)を見上げるとき、神道もまたその起源(ルーツ)は中国なのだろうと感じます。

まず、中華民族の始祖は、「三皇五帝(さんこうごてい)」です。これは、中国の神話伝説時代の帝王であり、三皇は神、五帝は聖人(せいじん)としての性格を持つとされています。ただ、三皇については諸説があり、五帝についても、誰をもって五帝とするのかはさまざまで、現地の中国でも定説があるわけではありません。また、司馬遷は、五帝は神話ではなく歴史の範疇(はんちゅう)内に置いていました。

ちなみに、秦の始皇帝は、自分がこの三皇五帝より尊(とうと)い存在であるという考えから、皇帝と言う言葉を造語(ぞうご)し、自分に対する呼び名として使わせました。以降、中国の支配者は皇帝を名乗るようになりました。

いずれにしても、「三皇五帝」の記述を見ていくなかで、中国文明の核心は、偉人・天才崇拝であると私は理解しました。のちの道教では、仙人というもう一方の理想像が出現しますが、これは人間の人生の目標として、偉人・天才のレベルに至らなくても、健康長寿で他人に迷惑をかけずに悠々自適の人生を送ることを強く肯定した思想です。

徐福は「方士徐福」と言われます。方士とは、神仙の術を身につけた者で、今でいえば思想家、政治家、科学者を兼ねています。彼は、三皇五帝の業績を知り学び、多くの知識と技術を習得し、東渡の場面でその才能を十二分に発揮しました。徐福の多面的な才能の根拠は、悠久の神話時代から蓄積されてきた、中華文明の中にあったのです。

二回行われた「徐福東渡」

徐福東渡は、二回行われています。最初は紀元前２１９年です。この時の様子は司馬遷の史記に記載がありますが、出港地の記載はありません。出港地は、およそ山東半島のどこかであろうと思われています。到達したのは、今の韓国の済州島です。そして徐福は、乗船させてきた童男童女、百工、五穀の種をそこで全部降ろして、自らは大陸に戻ってしまいます。

第一回の航海で到着した済州島は、徐福にとって最終的な目的地ではありませんでした。しかし、済州島に童男童女、百工、五穀の種を降ろしたことは十分に意味があり、この島で下船した人々は古代韓国の開発、発展にとって、相当に大きな貢献をしたものと思われます。また、済州島を往復したことは、最終的な目的地に行くために、多くの重要な経験を積みました。こうして徐福は、始皇帝に再度謁見し、再度の東渡の命令を受けることになります。

出航のための基地は、今の浙江省寧波市慈渓市の達蓬山です。9年の歳月をかけて、その規模は前回よりも巨大になりました。百隻前後の大船団に、三千人と言われる童男童女と、百工と五穀の種を積み込みました。また道具類や動植物など、役に立ちそうなものを全部乗せました。紀元前210年の事です。

出航の前に、徐福は達蓬山の山の中腹で、航海の無事を天地の神々に祈りました。そして、そこから一路出航し、岱山島を経由して、日本の九州方面に向かって全力で航海を開始しました。なお、達蓬山は今は山地ですが、当時は島のような状態でした。2200年経過した今は、当時の島の周辺には長江の土砂が堆積し、海岸線は遥か遠くになりました。

徐福の大船団は、黒潮の流れに乗り、ほとんどの船が九州に到着しました。徐福伝説では最初に今の鹿児島県いちき串木野市に仮上陸して、冠岳で到達できたことを天地の神々に感謝しました。

そして、徐福本隊は、今の佐賀県佐賀市の諸富（もろどみ）地区に本上陸しました。そのため、佐賀市には徐福伝説が大量に残っています。

徐福が最後に出航した寧波（ねいは）についてですが、ここはその後長い間、日本と中国との交流の中心港になりました。遣隋使、遣唐使の多くが寧波の港を往復しました。留学僧もここを目指しました。鑑真和尚（がんじんおしょう）は、最後は寧波から出航して佐賀に上陸しました。勘合貿易でも、ここの港を多く用いました。倭寇（わこう）が荒らしまわったのもこの周辺でした。

なお、ここ寧波の漢字の発音は標準語と違っていて、三島は「せと」、山は「せん」、愛は「え」という音になります。日本の地名の一部と一致しています。実際瀬戸内海は、三つの島に取り囲まれた三島（せと）内海です。大山がだい「せん」で、愛媛を「え」ひめと発音するのは、寧波との交流が長期であることを思うと、不思議ではありません。

第3章　世界観集団で描く日本の歴史

◆徐福農耕集団の日本各地への進出

徐福の日本上陸の頃

徐福たちが日本上陸をした佐賀市の周辺は、筑後川（ちくごがわ）が流れ、筑紫平野（ちくしへいや）が広がっています。最初の開拓はまずここから始まりました。開拓は順調に進展していったようで、筑紫の国（ちくしのくに）と聞くと、なぜか郷愁（きょうしゅう）を感じます。遥（はる）か昔の、日本の原風景（げんふうけい）が見えるようです。佐賀市から遠くない場所で吉野ヶ里遺跡が発見され、人々に大きな衝撃と感動を与えましたが、現地の多くの人々は、これは徐福遺跡だと話しています。徐福集団が手を加えたことは確かだと思います。

徐福が率（ひき）いてきた三千人の童男童女たちは結婚し、急速に日本各地に入植（にゅうしょく）していきました。入植にあたっては当然、五穀の種を携えていき、時にはともに東渡してきた百工の助けを借りました。そして、米作りは信仰になったのです。考古学の発掘結果によると、紀元前２００年頃から、日本各地で水田稲作が急速に発展してきたことがわかっています。この推進力は徐福の船に同乗してきた童男童女や百工であったと結論できます。

当時は各地に稲作適地が多数あり、人口も飛躍的に増大していきました。各地に村落が出来、市が出来、大地主や豪族が現れました。さらに時代が下ると、大豪族が出現してきました。魏志倭人伝の記載によると、当時の倭国には多数の国があることが描かれています。

徐福と出雲とのつながり

出雲では、徐福の子孫は、韓国方面から来た製鉄王の須佐之男大神と縁結びをして日本民族、日本語の原型が出来ました。出雲神話では神無月には全国各地から神々が出雲に集まり、親睦を深め交流をしました。各地の神々とは主として、各地の王や豪族のことです。徐福の船で同乗してきた人々の子孫も多かったと考えられます。なお出雲では各地の神々が集まるので神在月とよびます。

出雲時代にも、時には相互に交戦したこともあったと思われます。文献に倭国大乱の記事があります。武家政権の時の「戦国時代」を連想させます。出雲神話には大国主神が兄弟神から迫害を受けたことが書かれています。倭国大乱と関係があるのでしょうか。しかし倭国大乱の詳細はわかりませんが、この大乱は卑弥呼の新宗教の成立に、大きな影響があったと思われます。

今の日本語の原型は、文法的には北方アジア、朝鮮・韓国系ですが、出雲神話の主、須佐之男大神の言葉がもとであったと思われます。須佐之男大神が詠んだ和歌に「八雲立つ　出雲八重垣妻籠みに　八重垣つくる　その八重垣を」という一首があります。これは、日本最古の和歌と言われていますが、読み方は「やくもたつ　いずもやえがきつまごみに　やえがきつくる　そのやえがきを」となります。これをみると、今の日本語と文法が同じであることがわかります。しかし文字には、妻方の、稲田姫命の文化の漢字を用いています。例えば「いずるくも」をその意味から、出雲と表記する方法です。

「大和」の意味するもの

日本人の民族名は大和民族と呼ばれます。普通は大和とは今の奈良県の地名ですが、民族名で大和と言うときは、この言葉には地名以上の意味があると私は思っています。この大和の意味は、異民族が大同団結したという意味です。徐福の船で渡来した古代中国人と玄界灘を渡って来た北方アジア系、韓国系の民族が主に婚姻を通じてひとつの民族になって行ったという意味です。縄文文化や縄文人が、突然変化して、弥生文化や弥生人が出現したわけではありません。

典型的なのは、出雲神話での須佐之男大神と稲田姫命の結婚です。稲田姫命は、中国系の神様で、須佐之男大神は韓国経由で来た鉄作りの神様でした。そこで、その2人が結婚してたくさん子孫が生まれ、出雲族の始まりとなりました。その出雲族は、お父さんから鉄作りの技術をもらい、お母さんからは米作りや酒造りの技術をもらって、経済的にも非常に安定しました。こうして出雲中心の時代がしばらく続くわけですから、国際結婚の結果出現した出雲族が、大和民族、すなわち日本人の一番の元になっているということになります。

なお、日本の神々の区分けとして、国津神（くにつかみ）と、天津神（あまつかみ）があります。国津神とは、日本にもとから住んでいた神という意味ですが、徐福集団を始め古代中国からの渡来者が国津神で、朝鮮半島から玄界灘をこえて天下ってきた神々や人々を天津神と考えると、おおよそ正確な理解が得られます。

国津神は、農林水産業の多くを日本にもたらしました。大山祇神は代表的な国津神ですが、徐福とその御神徳が一致していることは前に書きました。国津神が農耕社会を形成してから、天津神の天下りがありました。

神々の出身地と職能及び日本での血族・婚姻関係の略図

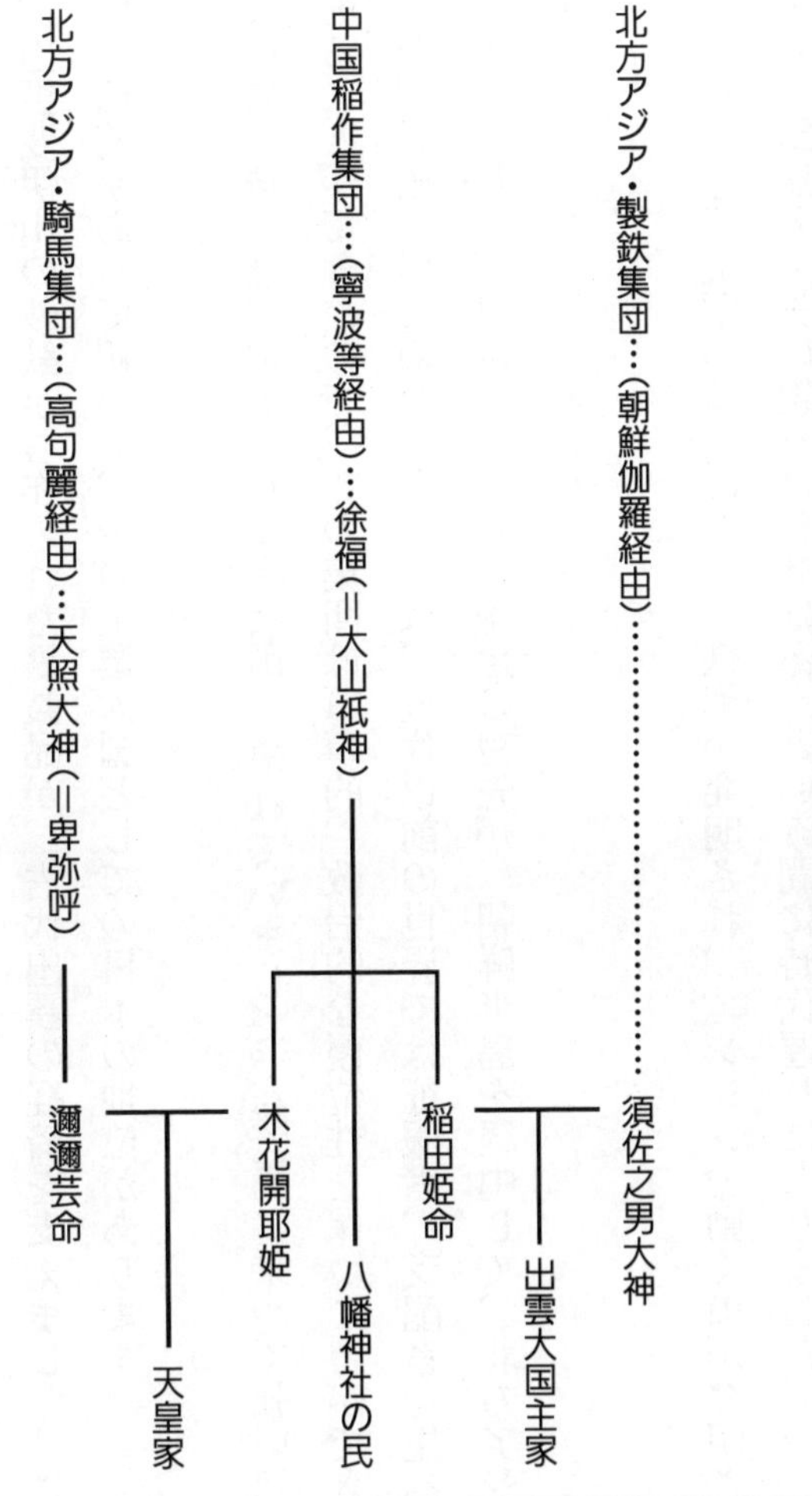

天津神には出雲系と天孫系の二種類があります。出雲系の神々は、鉄造りの技術を持っていて、工業に強い神々ということができます。日本は工業大国ですが、出雲斐伊川(ひいかわ)の砂鉄から作られた鉄製品が、古代出雲の経済を支えました。こういう伝統があって初めて、今の工業大国としての日本の地位があります。

天孫族の特色は、軍馬の繁殖や活用に優れていました。駿馬(しゅんば)に乗って強い弓を射ることができたので、この集団は軍事的、政治的な優位性を保つことができました。軍馬と弓矢の組み合わせは、近代以前の世界では征服者、支配者を生みだす条件でした。日本には、藤原鎌足の祖先が、朝鮮半島を経由して、北方アジア平原からもたらしたと思われます

しかし、近代文明の時代になり、鉄砲が発明され、エンジンで動く車が発明されると、軍馬と弓矢の組み合わせはあっという間に時代遅れになりました。

これからはＤＮＡ分析等でますます明瞭になっていくと思いますが、血統、言

語、風俗習慣などで、古代中国と古代朝鮮という日本文化の二つのルーツがますます明らかになってくると思います。さらに、古墳時代の大墳墓で、大王墓を中心にもし学術発掘がされたなら、二つのルーツのさらに動かぬ証拠が確かめられると思います。

実際、有名な吉野ケ里遺跡でも、大陸からの影響が顕著で、中国浙江省寧波の河姆渡遺跡との深いつながりが専門家によって指摘されています。河姆渡遺跡は、寧波市の中の余姚市の川沿いの農村部にあります。遺跡は見学しやすく整備され、出土品は博物館に展示されています。余姚市は儒学・陽明学の王陽明や、水戸藩で活躍した朱舜水の出身地としても有名です。

始皇帝の影響もある古墳の築造

さて、弥生時代も後期といわれる頃になり、古墳時代の始まりを迎える頃になると、各地の耕作可能な土地が減ってきます。以前と同じ農耕中心思想、家系図がずっと流れてきているのですが、経済的な状況が変わってしまったわけです。あちこちに大地主(おおじぬし)が出現し土地を囲い込み、後から入り込む余地がなくなってきます。

一方で大地主になった人たちは、自分たちは食べるものに何の心配もなくなると、次に心配になったのがあの世(よ)のことでした。そこで、自分の権力・財力を傾(かたむ)けて大きなお墓を作ったのが古墳時代の始まりです。各地の大地主や豪族は、農耕に秀(ひい)でた徐福の船で東渡してきた人々の子孫が多かったと思われます。

農業経営に成功し豪族以上の立場を築いた人々が、なぜ大墳墓の築造にこだわったのか、私はそこに始皇帝の影響を感じます。始皇帝は西安(せいあん)に巨大な陵(りょう)を築いていています。徐福の船で東渡してきた人々の子孫はみんなこのことを知っています。始皇帝にならって、それぞれの規模で築造したわけです。古墳時代にはできるだけ大規模な古墳を築造することが権力者の目的になりました。

現実はそれぞれの地方の大地主や豪族が、みんな下の人間、要するに奴婢のような人間をこき使って築造したわけです。時には殉死を強制されることもあり、恨みも相当買い始めているはずです。また、時には天候不順で凶作になり、立場の低い人々は餓死してしまいます。天候不順は五穀の神々にお願いしてもどうすることも出来ません。そのため、太陽の神の姿が大きく見え出しました。すなわち新宗教の出現です。

なお、墳墓築造の勢いは、別の世界観集団であった天照政権においても継続されました。天照政権も大化の改新までは始皇帝の影響を直接に受けていますから、巨大墳墓の築造に邁進しました。

また、天照政権の陵墓の特色は、太陽神信仰を加味した前方後円墳であり、それまで主力の前方後方墳と異なります。私は前方後円墳の円形は太陽の象徴ではないかと考えています。太陽神信仰が墳墓の形態に影響することは当然にありえます。そして、被葬者は円形部に埋葬されました。

卑弥呼以前の倭王については、九州志賀島出土の金印が有名です。後漢書によると、西暦57年と１０７年に、倭王が後漢に使いを送ったとの記録があります。たぶん、徐福の王国の後継者や関係者が多かったと思います。全国には未発掘の古墳がまだまだたくさんありますので、今後はそれらの古墳から新しい発見があることが期待されます。

◆天照政権の盛衰

同じ政権でも王朝よって政策は異なる

ここで、天照政権について解説しましょう。政権というものは、必ずその立脚する思想、宗教を持っています。例えば世界的にはイスラム教政権とか、キリスト教政権とか、リベラルな政権とか呼ばれます。日本史を研究するときに、天照大神をその政治活動の根本に置く政権を、天照政権と把握すると、さまざまなことが明瞭になってきます。

このことを理解しやすいように武家政権について考えます。日本では武家政権という言葉は定着しています。武家政権は1192年から1868年まで続きました。武家政権の共通の世界観は武士道と言われます。中国の武徳精神を受け継いでいます。

武家政権の中には、鎌倉幕府、室町幕府、江戸幕府というように、創始者が異なる幕府がありますす。幕府によって具体的な政策は異なり、対外政策にも相当の違いがありました。例えば室町幕府では、勘合貿易で商用利益を優先しましたし、江戸幕府では基本は鎖国政策で、中国とは長崎の出島での場所限定の交流でした。

天照政権でも王朝によって具体的な政策は異なり、対外政策も異なります。武家政権の時に、幕府によって具体的な政策が異なったのと同様です。

天皇家はよく万世一系と言われます。神武・崇神王朝の神武大王から今上天皇までを即位順に天皇号でつなげて、あたかも世襲関係が一系であるように思っている人がまだ多いと思います。しかし、これまでの学術研究の結果は、天照政権のなかには、神武・崇神王朝、応神・仁徳王朝、雄略王朝、継体王朝、天智・天武王朝など創始者が異なったり、政権の性格が大きく変化している王朝が含まれていることは前述したとおりです。それは、武家政権が、鎌倉幕府から江戸幕府まで、武士道という世界観で一貫していますが、それぞれの幕府が世襲的に一系でないのと同様です。

（注）記紀神話では、神武天皇と崇神天皇の間に八代の天皇名がありますが、具体的な事績がないので、本書では神武天皇の直近の後継者を崇神天皇とし、「神武・崇神王朝」と表記しています。

それでは、神武大王から今上天皇まで、一系でつながるものは何なのかといえば、それは天照大神への信仰と祭祀の主宰者としての立場、地位についてです。天照大神への信仰と祭祀は、歴史上一時も途切れることなく、古くは大王家によって、日本独立後は天皇家によって、最も適切な祭主によって、継続されてきたことは事実です。なお祭主とは通常は伊勢神宮での祭祀の最高責任者のことですが、その立場は天皇のお使いであって、天照大神をお祭りする究極の祭主は大王あるいは天皇です。人々から天照大神の祭主として不適切であると思われると、王朝が交替したり、個々の大王や天皇の地位が廃されたりしたことは、歴史上少なくありません。すなわち、天照政権の主宰者の条件として神武大王からの世襲も重要ですが、それ以上に誰が天照大神のもっとも近くでお仕えできるかどうかでその地位が決まりました。

出雲を揺るがす卑弥呼の出現

卑弥呼の一族が遅れて天下って日本に来た時には、開墾可能な適地がすでに減少し、国々には争いが多発していました。卑弥呼は倭国大乱の惨状などを見聞きして心を痛め、倭国の統一を考えたはずです。そして、活動方針、政治戦略等が固まると、九州のどこかで太陽神天照大神中心の宗教活動を始めたと思われます。それが、魏志倭人伝で有名な邪馬台国に発展していきます。

農耕社会にとって天候不順・凶作は、大地主まで含めて社会に大打撃を与えます。特に夏場の日照不足は凶作になります。天照神話の核心部分は、太陽神が天の岩戸に隠れて、世界が常闇になったという部分です。太陽神の天の岩戸隠れの神話は、農耕社会の極度の日照不足とその後の大凶作を想像させます。そのため、太陽神信仰が農民に対して、大きな希望を与えたと思われます。

土地所有の有無（うむ）で貧富の差が大きくなり、時々襲ってくる大凶作の時代背景の下（もと）で生じたのが卑弥呼の新興宗教でした。魏志倭人伝では鬼道（きどう）と表現されました。卑弥呼の鬼道のもとに集まり始めた人々は、やがて組織的な集団へと化（か）して行きます。これは西暦２２０年前後の事で、当時の国々は出雲大国主神を中心に国内統治を行っていました。そこにこれまでの出雲の最高権威を否定する集団が出現したわけですから、出雲側では当然脅威（きょうい）を感じ、時には弾圧（だんあつ）に乗り出します。

神話にある須佐之男大神の高天原（たかまがはら）での乱暴狼藉（らんぼうろうぜき）は、出雲からの弾圧を思わせます。卑弥呼の集団は避難を余儀（よぎ）なくされます。神話の天の岩戸隠れは、この避難行動を思わせます。すなわち、卑弥呼の邪馬台国（やまたいこく）の時代以後は、日本歴史が二つの世界観集団の相克（そうこく）の中で進行して行きました。すなわち出雲と大和です。神話では天照大神と須佐之男大神は姉と弟ということになっていますが、その記述には仲睦まじい姉弟関係ではなく、厳しい対決の場面が何度も出てきます。

卑弥呼の邪馬台国が大和王朝の原型だと思っている人は多いと思います。私もそのように思います。その理由は、邪馬台と大和の発音が似ていること、どちらも太陽神信仰であること、神武天皇神話の内容が両者をつないでいると思われることなどからです。

ところで、天照大神を崇拝する政権が、どうして一般には大和王朝とか大和朝廷と呼ばれるのかは理由があります。それは、最初の神武・崇神王朝が、大和盆地を根拠地にしたからです。

しかし、大和は地名であって、大和と関係の薄かった天照政権が多くありました。例えば、応神・仁徳王朝は大阪の河内が本拠地で、継体王朝の出身地は越前と考えられています。天智天皇は近江を都にした王朝で、平安時代は京都が中心でした。

すなわち、大和はもともと地名であって、思想・宗教の内容と関係がありません。そのため世界観集団の理論からは論理性に欠けるので、その使用を慎重にする必要があります。歴史理解に重要なのは政権を生み出す思想的、宗教的な核心、すなわち世界観だからです。

また、天智・天武王朝で、もともと大王とか倭王といわれていた人物に、天皇号を諡号したことは、政治的な理由からであり、大化の改新以前の、日本の国際政治関係を誤認させる結果を招きました。そのため、本書では大化の改新以前は、原則として天皇号でなく大王という称号を用います。

天照政権を生み出した歴史主体は天照世界観集団です。卑弥呼の時代はこの集団はまさに草創の時代で、武家政権に例えれば、平将門の時代に相応します。

卑弥呼の邪馬台国VS出雲王朝

世界観集団の理論では、集団の初期には既存の政権から弾圧を受けることが一般的です。天照大神信仰を持ったこの集団が、その時に政治権力を保持していた出雲から弾圧を受けたのは、十分ありうることです。神話からは、出雲から圧迫を受けて、転戦を余儀（よぎ）なくされた様子が読み取れます。卑弥呼の邪馬台国（やまたいこく）は出雲からの弾圧攻撃で、相当に破壊されたと思われます。将来のある日に、その跡地が発見されるかも知れませんが、外部からの攻撃の跡が必ずあると思います。

出雲からの弾圧は、天照大神に強い報復感情を生みだしました。神話には天照大神ご自身が、「天壌無窮（てんじょうむきゅう）の神勅（しんちょく）」を出されて、倭国全体を永久に支配するように近親者に命じていますが、主要な攻撃の標的は出雲王朝でした。なお、「天壌無窮」とは、国歌「君が代」の歌詞の内容と同様、天照大神の子々孫々の統治が、永遠に極まりなく続くさまを意味しています。

その後、卑弥呼の後継者は神武東征のような経緯を経て、大和の橿原の周辺に、地方政権を築いたと考えられます。神武大王は実在が確かめられていませんが、原型になった人物は存在したと思います。皇紀元年（紀元前６６０年）の即位はあり得ませんが、卑弥呼以後４，５代後に九州から大和に入り、大和地方政権を樹立した可能性があります。年代は恐らく西暦３００年前後のことです。しかし、神武大王の時は、政権と呼ぶにはあまりに支配地域が狭かったと思われます。

神武大王を継承した崇神大王は、四道将軍を遣わし、版図を大幅に拡大して、「政権」と呼べる状態になったということだと思います。日本昔話に「桃太郎の鬼退治」がありますが、この四道将軍の吉備地方（今の岡山県方面）への遠征征服が、その原型だったと言われています。

崇神大王の別称として御肇国天皇があり、すなわち国土を初めて統一した大王ということです。武家政権の鎌倉幕府に相当します。しかし、まだ日本全国を統一しているわけではありません。それは崇神大王の時代でも、出雲大国主神はもっと広大な地域を統治していました。

その後の景行大王と倭建命の時代に、出雲王朝との関係で国取り・国譲り神話があります。記紀神話では、出雲国譲りは天照大神が直接指揮して実現したように書かれていますが、これは創作です。神話では、国取りに成功した邇邇芸命が天下った先が出雲ではなく、高千穂の峰であるとか、その子孫の海幸彦、山幸彦が漁師のような仕事をしていて、王者の気配がありません。しかし、後の世の景行大王は、天照大神の命令をしっかりと継承していて、両者の力関係が逆転したとみて、国取りの実行に移りました。

しかし、神話には出雲側に対して国譲りを要求した根拠は記されていません。その根拠は研究者にとって謎の一つでした。その謎を解くためには、天照大神と卑弥呼の姿がダブっていることに注目する必要があります。すなわち、卑弥呼の言動が天照大神ご自身の言動であると周囲から思われていて、記紀神話を読む時もそういう前提で読み進めると、中国歴史書の記録と照合が取れます。

彼女が近親者に対して倭国全体の統治を命じた「天壌無窮の神勅」が出された根拠は、三つ考えられます。まず、出雲への報復感情です。次に太陽神の優位性です。そして、中国皇帝から授与された倭王としての地位が政治的な根拠であったと思われます。大王位あるいは天皇位の正当性を証明するものが三種の神器であるという話があります。天照大神が所持していた、八咫鏡、天の叢雲の剣、および八坂瓊曲玉の三種です。

この三種の神器は、天照大神が邇邇芸命を地上に天下りさせたときに、王位の証明として持たせたものです。私は、これらは魏の皇帝が卑弥呼に対して、倭王に任命した証明として与えた品々があったことを参考にしたのではないかと思っています。とくに、八咫鏡はその可能性が高いです。魏志倭人伝には、魏の皇帝が、卑弥呼の使いに魏の鏡を百枚与えた話が書かれているからです。

歴史にはつきものの隠蔽（いんぺい）・改竄（かいざん）

天の叢雲の剣については、須佐之男大神がこれを天照大神に差し出すことはどう考えても不自然で、創作だと思われます。後の世の出雲国譲りの時に没収されたというのでしたら、可能性はあります。

古事記、日本書紀は天智・天武王朝の統治の正当性を示すために編纂された書物であると前に書きました。多くの学者が指摘しているように、神話の内容は歴史事実を忠実に記載していなくて、目的のために多くの歴史事実が歪められて書かれています。これら神話の原作者は藤原鎌足と藤原不比等の父子の二人だと思われます。

中国との関係の記述がほとんど省略され、出雲との関係では須佐之男大神が悪役（あくやく）になったりしています。その後に藤原氏はこうした作戦が成功して、一族での政権独占に成功しました。この成功体験が、今の世になっても藤原氏の後裔（こうえい）の家柄の人々を中心に継承されていて、歴史は目的に役立つように編纂すればよいのだという態度が、目につくようになっています。

たとえば、「南京大虐殺はなかった」とか、「従軍慰安婦はいなかった」とか、「東京裁判は無効で、戦犯はいなかった」とかいうことが、その例です。徐福東渡についても、必ず「徐福は日本には来なかった」と言うことでしょう。邪馬台国の所在地は大和か九州かを巡って、延々と論争が続いており、私は九州説を支持していますが、論争者にはかなり政治的な意図があるように感じられます。

卑弥呼後の倭建命の時代

本題に戻りますが、天壌無窮の神勅に従って、神話では神武大王が東征を断行して大和に政権の根拠地を築いたわけです。その後、後継者の崇神大王のときに、四道将軍を派遣して、支配地域を飛躍的に拡大したと考えられます。すなわち、卑弥呼の後継の神武・崇神王朝は、倭王としての権威と地位を継承しています。そのため、倭国の唯一の正当王権であるとの論理・主張が成り立ちます。

時代が下って景行大王の頃に、出雲大国主神に対して国譲りを迫りましたが、卑弥呼の時代の報復感情とともに、中国皇帝から与えられた倭王としての権威が、やはりその大義名分(たいぎめいぶん)であったと思われます。出雲側が国譲りを拒否することは、中国皇帝への反逆(はんぎゃく)になるとの論理です。

出雲側では一度は交戦しますが、恵比寿様が世界の大勢(たいせい)を考えて国譲りに賛成し、大国主神は国譲りに同意します。年代的には崇神大王の2代後の景行(けいこう)大王、倭建命(やまとたけるのみこと)の頃の話です。西暦で言えば350年から400年頃の話でしょうか。

なお、ここで大国主神について追記しますと、大国主神は、出雲では地位の名称であって、何人もの大国主神が活躍しました。国譲りに同意したのは最後の大国主神であって、たとえば「因幡(いなば)の白ウサギ」に出てくる大国主神と同一人物とは限りません。

これまでの歴史教育では、ヤマトタケルは天皇のために全国討伐に東奔西走した悲劇の英雄と言うことになっていますが、実際は倭国の武力統一に奔走した英雄でした。出雲系と大和系に二分されていた古代倭国の統一に貢献した英雄という意味で「倭建命」ならばよく理解できます。

倭建命は古事記の表記です。日本武尊という名称は日本書紀の名称です。この時代に日本という名称はありませんので、古事記の記載の方が実態に合致しています。古事記が完成してすぐに改訂版の日本書紀で日本武尊に書き直したのは日本書紀編纂時の権力者が、「倭」から日本への独立を一層推進していたことと無関係ではないと思います。

卑弥呼の時代以後しばらくして、中国は五胡十六国の時代（304年～439年）に突入し、倭国の側ではどの王朝から倭王に任じてもらえるのか分からなくなりました。長期間中国側に日本に関する記録がない原因だと思われます。応神・仁徳大王の時代になると、南朝宋（420年~479年）などの国から倭王に任じられました。そうして中国皇帝に大義名分上は臣従していました。

なお、銅剣や銅矛、銅鐸が、最近出雲の国から出てきたのですが、荒神谷遺跡、加茂岩倉遺跡などの場合は、自分で持っていると没収されてしまうから、没収される前に隠しておこうとしたものと思われます。実際、武蔵一宮・氷川神社の社伝には、景行大王の時に出雲族が当地へ移住してきたことが伝承されています。

また、出雲王朝が中国とどのような外交関係があったのか、なかったのかは神話、伝説まで含めて明瞭ではありません。しかし、誓約（うけい＝古代の占いの一種）の結果、須佐之男大神の子神であるとされた宗像神社の三女神は、その鎮座する場所が朝鮮半島に向かっていて、出雲王朝と大陸との交流に役割があったと思われます。

出雲王朝を追放した天照政権は勢力が強大になり、その後に応神・仁徳王朝時代になると、応神・仁徳陵と言われる巨大陵墓の築造が可能になりました。仁徳陵と言われる墳墓はついに面積規模で始皇帝陵を凌いでしまうまでになりました。

なお、出雲王朝の中心だった人々が集団移住した先は東国の武蔵国でした。この集団移住の最高指揮者は恵比寿様です。なお、恵比寿様は事代主神が正式な神名です。負けて最後には勝つことを知っていました。今も福の神としてその人気は絶大です。

中国を宗主国とした「倭の五王」の時代

魏志倭人伝のあとは、相当期間にわたり中国では僅かな文献があるだけです。南宋の宋書以外では、神話では武内宿禰が活躍します。武内宿禰は、北九州を根拠に大陸の王朝と外交交渉を行ないました。彼はのちの世の蘇我氏の祖先であり、中国皇帝を中心とする倭国の政治体制を築きました。

応神・仁徳大王や雄略大王は、倭の五王の可能性が高く、中国（南朝の宋など）を宗主国として承認しています。こういう外交交渉で武内宿禰は活躍したのでしょう。

もし将来、応神大王陵、仁徳大王陵、雄略大王陵と伝えられる墳墓の発掘があったならば、中国皇帝から与えられた金印とか、文字の記載された物品が発見される可能性は大きいと思います。

ちなみに、倭の五王とは、讃、珍、済、興、武の五人で、応神から雄略までの各大王に対応するとの学説が通説です。以下に、それらの対応関係を整理しておきます。

◎応神大王・・・・倭の五王の讃か？
九州、大陸と関係が深い。
◎仁徳大王・・・・倭の五王の讃か？
◎反正大王・・・・倭の五王の珍か？
◎允恭 大王 ・・・倭の五王の済か？
◎安康大王・・・・倭の五王の興か？
◎雄略 大王 ・・・倭の五王の武か？

この王朝の雄略大王（倭王武）の時代には、日本全国を広範囲に統一したと思われます。また朝鮮半島を巡って、各国との駆け引きが錯綜します。

これ以後の継体王朝は、新王朝であると言われています。継体王朝のころから、日本では独立機運が起こってきます。朝鮮半島の権益をめぐって、中国本国と考え方や利益の配分で矛盾が大きくなったためと考えられます。朝鮮での勢力争いが原因となり、継体王朝の時代の527年に、九州で磐井の乱が起こります。

日本独立に向かう聖徳太子の時代

そして、聖徳太子の時代になって、初めて公然と日本独立の政治思想が出現してきました。聖徳太子の「日出処天子（ひいづるところのてんし）」の話はよく知られた話です。これは607年の遣隋使の時の話です。しかし、この行為は隋皇帝煬帝（ようだい）の不興（ふきょう）をかったと言われています。逆鱗（げきりん）に触れたのかも知れません。その後しばらくして、煬帝は暗殺されて隋は滅亡し、618年に唐王朝が成立しました。

しかし、聖徳太子の独立への意思は、中国の王朝が交替しても変わることはありませんでした。その後まもなく、聖徳太子はまだ壮年の時期に、不審（ふしん）な死を遂げています。622年のことでした。

そうして決定的なことは、聖徳太子の一族が大化の改新の2年前の643年に、蘇我氏のために全員皆殺しに遭ってしまったことです。蘇我氏と聖徳太子は近縁関係で、天照信仰を共有し、仏教も崇敬していました。しかし中国からの独立路線で１８０度対立してしまったことが、蘇我氏が聖徳太子一族に敵意を抱いた原因であると考えられます。蘇我氏は武内宿禰（たけしうちのすくね）を祖にする家柄で、倭国と中国とを政治的につなげることを代々行って来ました。

蘇我氏に対して中国皇帝から直接の指示があったのかどうかは分かりませんが、蘇我氏にとっては、日本独立などは、とんでもないことだったわけです。聖徳太子の独立思想に共鳴し従ってきた中大兄皇子（なかのおおえのおうじ）と中臣鎌足（なかとみのかまたり）には、太子一族の滅亡は強烈な危機意識を生じさせました。蘇我氏を滅ぼさなければ自分達も同じ運命になると実感しました。そこで、綿密な準備をして６４５年に決行して成功したのが大化の改新です。すなわち、大化の改新は最大規模の独立革命だったわけです。それにより、聖徳太子の遺志（いし）を実現したのです。

こうして、その後の大化の改新（６４５年）で誕生した天智・天武王朝は、世（せ）

襲的にはそれまでの継体王朝を継承していますが、政権の背後関係が一変しました。すなわち、蘇我氏から藤原氏への変化です。同一王朝内での政権交代です。この背後の変化は巨大な政治・社会の激動を、日本国内はもちろん、東アジア全体にも及ぼしました。そして、この時代から歴史文献が豊富になり、かなり詳細な事実を知ることが可能になりました。

大化の改新以後の歴史は、かなり明瞭です。天智天皇は矢継ぎ早に、完全な日本独立に向けて政権を大回転していきました。藤原鎌足が、背後でしっかりと補佐していました。そして、中国から独立してみると、徐福の歴史的立場が微妙になりました。大化の改新の前後の政治状況は次の章で詳説します。

全体を整理しますと、この天照世界観集団は、卑弥呼によって220年頃に始まり、その後神武・崇神大王の時に、大和地方で地方政権樹立に成功します。その後は倭王としての権威を十分に利用して各地の攻略を行い、出雲からの国取りにも成功します。主要な王朝に神武・崇神王朝、応神・仁徳王朝、雄略王朝、継体王朝、天智・天武王朝があり、天智・天武王朝の時に中国から独立して、倭国から日本になります。

以後の概略をみておきますと、奈良時代を経て、平安時代の藤原道長(ふじわらのみちなが)の頃(1000年頃)に最盛期になり、その後は王朝の内外が乱れて源平争乱(げんぺいそうらん)の時代になります。1192年には武家に政権を奪われて衰退していき、経済的基盤であった荘園(しょうえん)も徐々(じょじょ)に武士たちの侵奪(しんだつ)を受けて衰退していき、江戸後半期の1780年頃には有名無実(ゆうめいむじつ)の状態になりました。ここまでの天照世界観集団の盛衰は、典型的な盛衰の類型(タイプ)でした。

◆大化の改新による日本独立の前(まえ)と後(あと)

独立派の聖徳太子と保守中国派の蘇我氏との抗争

前にも書きましたように、大化の改新は日本の中国からの独立革命であり、日中関係の分水嶺でした。非常に重要な歴史事実でありながら、その意義を明瞭に書き記(しる)した文献が、あまりに少ないと思います。前後の文章との重複(ちょうふく)が多いのですが、敢(あ)えて1節を設けました。

アメリカの独立を振り返ってみると、初期の開拓時代には、ほとんどの地域が開拓者の入植した本国の植民地、ないしは保護領でした。しかし、アメリカ自体の経済力、政治力が相当強力になった時に、本国からの干渉を嫌って、独立の気(き)運(うん)が生じました。そして、アメリカが明白に独立の意志を明示した時に、イギリスとの間に独立戦争がありました。

古代日本も、永遠の昔から独立国だったわけではありません。徐福東渡以後は、日本は倭国であり、その後に倭国の実力が相当に強大になった時に独立の機運が生じ、大化の改新の時に独立の意志を明示しました。ところが、中国から独立ということになれば、昔も今も簡単な話ではありません。独立を宣言したその国の存亡をかけた独立闘争が待っています。

倭国から日本への独立が具体化してくるのは聖徳太子の時代になってからです。聖徳太子（５７４～６２２年）は、日本独立を主唱した思想家の代表です。これに対し、蘇我氏が日本独立に反対した保守派、中国派です。

聖徳太子の事績と言われるものは、次の５つです。

１．冠位十二階制度を制定（６０３年）。
２．憲法十七条の制定（６０４年）。
３．隋皇帝に対して有名な「日出処天子」の親書を渡す（６０７年）。
※親書の意味することは、隋にたいして朝貢はしても冊封は拒否する。す

なわち倭王になることを拒否する。これは独立の意思表示です。

4．日本という国名、地名の発案者。

5．天皇という名称の発案者。『天皇記』の編纂者。

これらは、いずれも独立国家になるために不可欠の準備行動です。「日出処天子」の親書に対して、隋から返書がありました。しかし、使節の小野妹子は返書を紛失したと言い張り、その内容は明瞭になっていません。親書を使節が本当に紛失したとは到底思えません。隋から聖徳太子に対する厳しい叱責が書かれていたものと思われます。親書の内容は当然に、聖徳太子も蘇我馬子も見たと思います。親書を二人が読んで、その後の独立政策について意見が割れたに違いありません。

倭国の独立路線に対して中国からは続けて圧力がかかり、蘇我氏からは聖徳太子に対して態度の変更を迫りました。聖徳太子は態度を変更することなく、６２２年に亡くなってしまいますが、その後の情勢で特筆すべきは、聖徳太子の一族が蘇我氏によってことごとく殺害されたことです（643年）。この事件は太子の思想の影響を受けた青年たちへ強烈な影響を与えたことは前述しました。

北アジア系の藤原氏による大化の改新

その中に、中大兄皇子（なかのおおえのおうじ）と中臣鎌足（なかとみのかまたり）がいました。聖徳太子から感化を受けていた中大兄皇子と中臣鎌足は身の危険を感じ、周到に準備をして決行したのが大化の改新です（645年）。大化の改新以後の歴史は多くの記録が残っています。

大化の改新の発端（ほったん）は、この二人によって遂行された蘇我入鹿（そがのいるか）に対する襲撃であり、宮廷クーデターであると言えます。この事件だけを特定するために、その年の年号を用いて「乙巳（いっし）の変」と呼ばれることが多くなりました。

これが成功すると、天智・天武王朝は、矢継ぎ早（やつぎばや）に独立路線を推進していきました。倭国から日本へ、倭王から天皇へという名称変更も独立後からです。なお、中大兄皇子は、その後に即位して天智天皇になり、中臣鎌足は後に藤原姓を与えられて藤原鎌足になりました。

中国との関係は、独立の前後で大差があります。すなわち、大化の改新以前では、実態は独立国に近い自治権があっても、大義名分の上では中国の属国であり、応神・仁徳王朝、雄略王朝、継体王朝では中国とは倭王として交流しました。しかし、天智王朝では日中関係が一変し、海外出兵もしています。日中間での戦争まで起こりました。６６３年には、朝鮮の白村江では、唐・新羅の軍隊に大敗しました。日本が倭国の時代には、日中間の戦争などは考えられなかった事です。

その後北九州では、中国、朝鮮からの軍隊の侵入を想定して防衛線を作ります。防人が全国から徴兵されました。独立の実態は、大化の改新以後になし崩し的に独立国になったということです。のちに遣唐使の派遣などで関係修復し、独立を事実上認めさせています。

天智・天武王朝で対中関係が一変した理由は、藤原氏の出自が関係しています。蘇我氏の出自が中国系と思われるのに対して、藤原氏の出自は北方アジア系だと思われます。大化の改新以後は藤原氏が権力を独占していきますから、藤原氏の政治思想の根源が何であったのかは、日本古代史理解に直結します。

蘇我氏までは、中国は倭国の本国（ほんごく）であり、鎮守の対象でした。しかし、藤原政権は北方アジア系の出身と考えられ、歴史上中国と交戦したり征服したりした蒙古族、満州族、朝鮮族と関係が近いと考えられます。藤原氏は、鹿島神宮（かしまじんぐう）、香取（かとり）神宮（じんぐう）という戦いの神々を崇拝していて、馬に乗って弓矢を射ることが得意でした。韓国からもっと奥の北朝鮮、中国東北部にその出身地（ルーツ）がある可能性が高いといえます。

藤原氏の祖先が玄界灘（げんかいなだ）を越えて日本に天下り（あまくだ）してきたのは間違いありません。「天下り」というのは、海を渡ってやってきたという意味です。「あま」とは海の意味です。その時に機動戦闘力の根源である馬を伴って来ました。騎馬民族の到来です。すなわち、藤原氏にとっては、中国は他の騎馬民族同様に、軍馬とその弓矢を以っていずれは征服するべき対象でした。

ちなみに、高松塚古墳の築造年代は、8世紀初頭と推定されています。その壁画には、朝鮮高句麗の影響が顕著です。そのため、藤原氏の有力者の墳墓である可能性があります。藤原氏は、その後は政権の中枢にいて子孫が繁栄し、その考え方は現在の日本で多くなった中国警戒論者に引き継がれていると思われます。

独立を遂行する中で、天智・天武王朝は、蘇我・中国系の豪族が本国と連携して独立に反対することを恐れました。こうした理由から、天智・天武王朝は各地で蘇我・中国系豪族を制圧すると、土地や農民、祭器や古文書を没収していきました。土地と農民の没収は、公地公民制という政策で、各地の蘇我・中国系の豪族の経済基盤を奪っていきました。その政策を宣言した改新の詔が早くも646年に出ています。

政権の正当性を宣言する歴史書の編纂

これまでは統治の根拠を倭王の地位に求めることが出来ましたが、独立後は独自の統治権の根拠を示さなくてはなりません。そのため、独立政権の正統性を宣言した歴史書の編纂(へんさん)が必須(ひっす)になりました。その結果編纂された歴史書が、712年に成立した古事記と720年に成立した日本書紀です。

歴史書の編纂方針(へんさんほうしん)は、すでに独裁的な権力を行使していた藤原氏の意向(いこう)に従ったものでした。そして、各地から没収(ぼっしゅう)した文献資料は、専門家の稗田阿礼(ひえだのあれ)に読ませて、編集方針に役に立つところだけは採用して、太安万侶(おおのやすまろ)に文章にさせました。そうして古事記や日本書紀が生み出されたと考えられます。

その編纂方針では、中国と関係した歴史が封印(ふういん)されました。しかし、徐福に関することを書かずして歴史書は成り立ちません。そこで、中国をすぐに連想させる徐福という本名を用いないで大山祇神という神名にしたのです。大山祇神とは、偉大な山の神という意味で、これなら出身地を感じさせません。

そして、記紀の編纂が完了すると、各地の豪族から没収した古文献は焼却したものと考えられます。記紀の記述には、多数の創作があり、古文献の記載と多くの点で矛盾してしまうからです。志賀島出土の金印であるとか、埼玉県の稲荷山古墳銘文のように、古墳時代には漢字が使用されていたのは明らかです。それなのに、徐福東渡の詳細な様子や、出雲時代の有り様など、原始文献が一切残っていません。その理由は政治的な理由で意図的に廃棄されたからです。それ以外の理由は考えられません。

そのため、徐福に関する記述はなく、どこを探しても見つからない。辛うじて民間の一部の人が、姿を変えて残したのが富士古文書というものです。富士古文書（＝宮下文書）は、偽書であるという評価が根強くあり、荒唐無稽な記述があることは否定できませんが、没収を免れるために意図的にそういう編集・体裁にしたのだと私は考えています。富士古文書は、宮下家で保存されてきた原本をもとに、神奈川徐福研究会によって最近出版されましたが、そのなかに徐福という名前は残っているのです

この本には、徐福の子孫は日本各地に発展していったと書かれていて、実際多くの日本人のご先祖になったものと思います。しかし、「徐」のつく苗字は、日本には、ほとんどありません。一方、「福」のついた名前は、福岡、福島、福山、福井、福沢、福田など、非常に多いのは興味深いことです。彼らは徐福の子孫であるという記載が書中にあるのです。

武家政権の時代には、徐福はタブーではなくなり、紀州藩では、積極的に徐福を尊崇しました。徐福の墓も改修されました。しかし、近代になって明治政権が成立すると、徐福の存在は再びタブーになりました。それは、古代の天智・天武王朝と同じく、中国に対して警戒心と野心を懐く政権だからです。とくに、徐福の存在は、神武天皇の建国神話と矛盾します。

そして、明治政権以後の日本政府は、一貫して徐福に対して完全無視の態度をとり続けました。それは、古代の天智・天武王朝の行った歴史書に中国を連想させる記述は入れないという態度と共通しています。明治政権の中枢部は、「中国は征服するべき対象」という考え方が戦勝のたびに強くなりました。こうした征服思想の行く先に、日中戦争の勃発があったと言っても決して過言ではありません。

徐福東渡における越国の役割

ここで「徐福東渡」が歴史的な事実だと断定できるならば、それと関係して他にどんなことが推理できるのでしょうか？　徐福がこのような大船団を組んで東渡するには、その前提として中国本国に東海上の相当に詳細な情報がなくてはなりません。蜃気楼のような知識や情報で船出するなどあり得ないことです。

では、誰が東海上の三島の情報を伝えていたのかといえば、「呉越同舟」の諺で有名な越国の人ということになります。越国は西暦紀元前４７３年頃に、楚国に圧迫されて今の浙江省紹興から江蘇省瑯琊台に都替えをしました。

この時に大量の船を海上に浮かべました。その中の一部が日本列島に到達したと考えられます。徐福東渡の２５４年前です。これだけの時間があれば、日本三島の情報が、相当正確に伝えられていたことでしょう。

九州北部の菜畑遺跡、板付遺跡の稲作は、越人の到来によって、この時期から始まったと思われます。この遺跡から出土した稲の品種はジャポニカ種であり、長江流域で栽培されていたことが確認されているようです。年代的にも約２５００年ぐらい前だそうで、越人が紹興から持ってきた可能性は大きいといえます。

また、日本の北陸の越国、すなわち越前、越中、越後の名称は、呉越の越国から来ていると思われます。これらの人々の子孫の中から朝鮮半島を経由して中国大陸に戻った人がいて、東海三島の詳細な情報を徐福たちに伝えていたに違いありません。

◆明治維新の意義と鎮守(ちんじゅ)の神の復活

明治新政権は天照政権と自由主義政権による連合政権

江戸時代中期には京都の朝廷の存在は、有名無実になっていました。しかし、明治に入り、世界中が帝国主義の時代になると、かつて出雲の大国主神(おおくにぬしのかみ)から国を譲らせたという天照大神は、俄然(がぜん)注目を集めることになりました。

平田篤胤(ひらたあつたね)や吉田松陰(よしだしょういん)などの思想家にまず注目され、明治維新を成功させた世界観として復活しました。しかし、明治国家体制はかつての天照政権と同一ではありません。欧米の主要な思想の自由主義世界観と混合した世界観であると言ってよく、明治新政権は、天照政権と自由主義政権との連合政権であるということができます。

明治国家体制は、本来は日本が欧米列強によって植民地化されるのを防ぐために実現した緊急避難体制です。日清戦争、日露戦争、韓国併合を経て、日本が欧米列強の植民地にされる可能性はなくなりましたが、その後は自らが植民地争奪戦に参入し帝国主義国家になるに及んで、日中戦争、太平洋戦争へと突入し、戦後も韓国、中国と歴史認識を巡って紛糾し、アジア諸国から警戒される原因になっています。

こうして、幕末からの第2段階の天照世界観集団の動向は、まさに現時点の日中韓関係に直接影響をしています。連合政権のもう一方の自由主義世界観集団の方は、世界中がちょうど帝国主義の時代であり、日本の自由主義者も海外の領土取得に反対はしませんでした。

かつての天照政権の天智・天武王朝は、とにかく中国から独立して、場合によっては中国を征服してしまおうとした人たちですから、それが武家政権の時代を過ぎて明治維新になると、再びそういう考え方が復活してきたわけです。その政治思想は、日清戦争でまず大成功しました。

中国や中国人というのは、征服すべき対象だという考え方が、昔から千年以上も続き、どこかでいまだ繋がっていたわけです。今現在でも、超保守派の人達を中心にして、いまだに中国に対して厳しい態度を取って緊張関係を生み出していますが、こういう遠い過去からの積み重ねがあるようです。

では、超保守派の人々の家系は何か共通点があるのでしょうか？　あるとしたら、思想的に古代の藤原鎌足の末裔の人たちです。超保守派の代表格である石原慎太郎さんの家柄は、もしかしたら石原ではなくて藤原なのではないでしょうか？　もし、家系が藤原貴族の出身であるなら、石原さんの政治思想にはご先祖様の政治思想が染みついていると考えられ、納得ができます。産経新聞の論客の方とか、他の超保守派の皆さんの家柄も、調査は可能だと思われるのでどなたか取り組んでほしいものです。

出雲縁結び精神の果たした役割

明治維新では、明治天皇は徳川将軍から大政奉還を受けましたが、天照世界観集団に政権があったのは、永遠の昔からではありません。出雲国譲りの時までは、大国主神が文字通り日本国の主でした。さらに、出雲王朝の前は徐福王国の倭王が日本三島の主でした。

出雲の神々と人々は、国を譲って、また新しい土地を求めて東国に移住しました。そして、東国の草地で馬の生産を始めました。そのため、かつては大和勢力の軍事力の源であった馬の利用を、自らが自由に行えるようになりました。東国でこうして実力を蓄え、源平の争乱時代には歴史の主役に再起して、１１９２年には政権再奪取に成功しました。

鎌倉幕府から始まる武家政権の核心は、出雲から東国に移住してきた人々の子孫からなる武士団でした。武蔵七党などの東国の武士団が、政権奪取の中核部隊でした。明治維新では、政権の主体としての地位を失いましたが、日本が第２次世界大戦で敗北し、日本国憲法が制定され、諸国民との友好親善が重要な憲法原則になったことは、出雲縁結びの精神が、再び表面に出てきたことを意味します。この精神が蘇（よみがえ）って、日本は戦後の繁栄に到達することが出来ました。戦後の日本は高度経済成長が続き、１９８０年代には経済大国として世界中から期待される存在になりました。

ところで、日本国憲法には「象徴天皇制」という大原則があり、明治憲法と将来制定されるであろう理想的な憲法との中間地点にあるのだろうと思います。憲法改正論議が多く聞かれるようになりましたが、明治憲法に戻すような、後ろ向（うしろむ）きな論議でなく、世界の中で日本人の実力が十二分に発揮できるような理想的な憲法の姿を、私たちはイメージしていかなくてはなりません。

国と国との友好に必要なこと

それにしても、最近の日本の政権は、民主党を含めて考え方が硬すぎます。近隣諸国民との友好を重視する政権運営が、歴史認識の不一致によって頓挫(とんざ)することが多くなりました。東アジアでは中国の台頭(たいとう)が著(いちじる)しくなりました。将来の東アジア全体の繁栄のために、各国間の歴史認識の相互の擦(す)り合(あ)わせが必要です。現状では難しいですが、かつて各国の歴史教科書の共通記述の話があったことがありました。また、日本の政治には、東アジア諸国との共存共栄を推進できる政治勢力を中心とする政界再編成が必要です。

英米関係を再び例に出しますと、英米両国は独立戦争で戦った両国ですが、その後は「血は水よりも濃い」という感情があって、戦争とか重要外交問題ではほとんど共同歩調を取っています。しかし、日中両国間はそのようにいかないですね。

すでに「大和民族」の解説で述べましたが、日本人の遠い御先祖には中国系（国津神）と共に、北方アジア系（天津神）がありますので、日本人はその家系によって、歴史的に中国に対する感情が違いました。いろいろな場面で、この感情の違いが政争の原因になったりします。最近の例では、民主党政権が成立してたちまち崩壊しましたが、私の見るところ、党内で中国に対する感情が真っ二つと言っていいほど割れていました。あれでは外交が出来ませんから、日本の二大政党制は出直しです。今後の日本の政界再編成については、心情的に親中派の人々は、まずは徐福の勉強をして欲しいと思います。

また、徐福研究者の間では、元首相の羽田孜氏は非常に有名です。長い間一貫して自分の家系は秦の一族であり、古代中国からの渡来人であると主張されています。そして、その政治思想は、やはり日中友好を非常に重視されています。また、福島さん、福岡さんなど福を持つ名前の友人に、自ら徐福の子孫と思っている人々がいます。小さい時に両親から話を聞いたのだと思いますが、中国に対する物の感じ方に影響していると思います。

なお、私の家柄は「あとがき」で書きますが、出雲系です。子供のころからそういう話を聞いていると、いつの間にか人々の間の縁結びは大切だし、国と国との関係でも友好親善が重要だという価値観が身についていました。

日本古来のさまざまな神々が復活

もうひとつ、明治維新で天照大神が復活した理由で、天の摂理だと考えられるのは、天照大神以前の神々の復活を助けるという役割です。すなわち、大山祇神と須佐之男大神とが復活するための架け橋としての役割を果たしました。実際、明治維新後に多くの神道系の宗教団体が活動を始めました。その中の古神道とか、教派神道といわれる教団には、天照大神以前の神様を主神にしたものが少なくありません。大きな団体では天理教とか大本教などで、日本軍の中国侵略には教団をあげて反対しました。そのため相当の弾圧を受けました。

日本には八百万の神々が住むと言われます。このことは中国、アジアの人たちに是非とも知っておいてほしいことです。日本の神様は豊富です。靖国神社だけが日本の神社ではありません。天照大神や神武大王は、確かに征服や戦争と関係していますが、国土開拓の神、物作りの神、縁結びの神、そのほか平和愛好の神々はたくさんあります。中国の人は、日本の神様というと、首相参拝で有名になった靖国神社と神武天皇ぐらいしか知らない人が多いのが、歴史認識不一致のもうひとつの原因になっています。

明治維新以後も、中国・中華世界復活を全力で支援した日本人は大勢いました。明治維新以降、国力が充実してくると、日本でも民間人を中心に中国の近代化に協力を惜しまない人々が多く出現してきました。孫文や魯迅と交流した人たちがその典型です。彼らは中国文化に親しみと尊敬心を持ち、中国が再び世界に飛翔していくことを全力で応援しました。そうして、孫文や魯迅といった人達の活躍があって、中国はまた再出発する基礎ができたわけです。戦後になっても、やはり民間企業で中国に大きな投資を行っている企業がたくさんあります。

私は彼らの行動の奥深くに、自分達の本国の中国を守ろう（鎮守）という気持ちがあるように感じます。

しかし、尖閣諸島をめぐる近年の問題でもそうですが、中国人のかなりの人達が、日本人はみんな「中国は征服すべき対象」という好戦的な考え方を持っていると思われているようで、日中国交正常化40周年の式典なども安易に全部中止してしまいました。日本商品不買運動（ボイコット）も行われたようです。

不買運動を受けた企業は、多くの中国人を雇用し、ほとんどが真面目に納税してきた企業です。これで日中友好を真剣に進めてきた人たちは、ひどく傷つきました。超保守派の人たちは喜びました。日中友好など不可能だといつも言っていましたから、彼らの言い分の方が正しかったように見えてきます。争いに近づいていく方が、超保守派には都合がいいわけです。中国側も意外と日本のことを知らないのです。

これには、映画・テレビで抗日戦争を主題にしたものが非常に多いことも影響しています。中国には「曹操の話をすると、曹操がやってくる」という諺があります。日本語では「噂をすれば影がさす」と言います。何時までも旧日本軍の映画を撮り続けていたら、その諺のように、旧日本軍に近親感を持つ人々が、日本で姿を現してきました。

大切なのは神様の祀り方

話が横道にそれましたが、今後、日本で中心の神様になっていただかなくてはならないのは鎮守の神様です。鎮守の神様は、まず国を守る神様です。その神様の名前は何度も繰り返したように大山祇神で、これは徐福そっくりの神様で、私は徐福その人だと思っています。そして、2番目の神様としては、出雲の神様で、縁結びの神様である須佐之男大神です。これからの時代は、やはり「国と国がいい縁結びをしていきましょう」という時代だと思います。

3番目には、もしどこかの国が日本に一方的に攻めてきたら、やはり正当防衛として軍事的に対抗する必要はあります。そういう時のために、軍事に強い神様がいてもいいとは思います。国を軍事的に守るということは必要ですが、やはり3番目になります。

つまり、日本の神祭りの仕方を、一番中心の神様を鎮守の神様にして、右側は縁結びの神様、左側は軍事的に強い神様、この3つの組み合わせが一番いいと思うのです。

実は、そういう祀り方をしているところがあるのです。博多祇園祭りで有名な博多の櫛田神社です。ここの神様は、一番真ん中が大幡主の神で、右の神様が須佐之男大神で、左の神様が天照大神です。ここでは天照大神は順位が三番目の神様です。昔からそういう祭り方をしているのです。大幡主の神は、秦主の神の意味ですから、徐福か、あるいは始皇帝のどちらかだと思われます。

ちなみに、櫛田神社の神様がどこからきた神様かというと、最初は今の吉野ケ里遺跡の近くにあった神社だったそうです。吉野ヶ里が移転したときに神様も一緒に移転したのです。吉野ヶ里に住んでいた人のかなり多くの人が、博多に行ったということがわかるわけです。どうして遺跡を残して移ることになったのかは、博多のほうが大陸に近いため大陸との交通には便利だったからかもしれません。それに倭国を守るために、大陸からの侵略があった場合に、最も攻めてこられそうな北九州防衛を重視したのかも知れません。事実、後の世に、蒙古が襲来してきたのは博多湾でした。

すでに書きましたように、大山祇神は須佐之男大神には、稲田姫命を嫁に出し、天照大神の方には、木花開耶姫を嫁に出しています。嫁に出して縁を繋ぐというのは、戦争を防ぐことになるという考えが昔からあったのだと思います。まさに日本の神様だと感じます。日本史の各時代に、政略結婚の話は多いですね。戦争・抗争を防ぐために、二つの勢力の間で政略結婚をさせたのです。その点も関係していると思いますが、日本では、民族と民族が血で血を洗う大抗争は、有史以来、あまり聞かないですよね。他の民族を抹殺するのではなく、両者の婚姻関係を通じて共通の子孫を繁栄させようという考え方です。

記紀神話には天照大神と、須佐之男大神とが、誓約をして、神生みの力比べをしている場面があります。誓約とは一種の占いです。不思議な話なのですが、この誓約では天照大神が先に行い、須佐之男大神の持っていた剣を口に含み、噛み砕いて三柱の女神を霧と共に吹き出します。宗像大社の三女神です。その後に、須佐之男大神は天照大神が所持していた玉を口に含み、噛み砕いて五柱の男神を霧と共に吹き出します。そうして、この両者の勝敗は、須佐之男大神の勝ちであったと結論が出されています。

どうして須佐之男大神が勝ちになるのかは、明瞭ではありませんが、両者の力比べという点では、私は興味があります。幕末からの神々の力比べでは、天照大神がまず先に行いました。明治維新から敗戦まで、一応の結果が出ました。これから未来の日本は、須佐之男大神がそのお力を発揮される時代になったと思われるからです。現代の誓約の第二幕がすでに始まっていると思います。

第4章　東アジアの現状と未来を考える

◆始皇帝の政治思想は日中韓共通の価値観

中国では長らく低かった始皇帝に対する評価

日本各地に多数の八幡様（はちまんさま）があります。しかし八幡の読み方は、もともとは「はちまん」ではなく「やはた」であり、その「やはた」の意味は、弥秦（いやはた）また、弥栄（いやさか）秦民（はたのたみ）であり、秦（はた）の民（たみ）が栄えることです。幡（はた）とは秦（はた）であって、すなわち秦の民が栄えるための神社が八幡神社（やはたじんじゃ）です。そのため、その御祭神は、徐福に東渡を命令し、船舶・人員・物資をすべて準備させた始皇帝であった可能性が極めて高いと私は考えています。

それを日本独立後に、始皇帝が御祭神では中国をすぐに連想してしまうので、表面の御祭神を応神大王に変えてしまったのだと思います。調べてみても、応神大王と八幡神社とは深い関係はありません。もっとも、応神大王は本来倭王であって、中華世界の東方の鎮守の任務に当たったと考えられるので、始皇帝と無関係なわけではありません。

すなわち、徐福は、始皇帝を騙したわけでは全くありません。徐福は、日本に来てから始皇帝をお祭りしているわけです。それが八幡神社であり、いまも日本全国に多数鎮座しています。徐福伝承というと、徐福は始皇帝を騙して日本に逃げてきたという伝わり方が相当に多いのですが、亡命が目的ならば、第一回目の済州島に到達した時に、そのまま姿を隠してしまえば目的達成です。再び大陸に戻る必要など全くありません。日本に来てからは、騙した始皇帝の秦帝国が栄えるように、神祭りをするなどあり得ないことです。

しかし、中国の場合は、始皇帝にたいして、司馬遷の史記の書き方が強く影響し、長い間悪く評価されてきました。「焚書坑儒」を行った暴君であるとか、不老不死を信じて徐福に騙されて逃げられた馬鹿な皇帝であるとか、あるいは占いを信じて匈奴を攻めに行った暗愚な皇帝であるといったものです。

ところが、日中戦争に際して、中華世界を築き守ろうとした始皇帝の戦略は、毛沢東から最高の評価を受けることになります。毛沢東は、始皇帝が万里の長城を築き、戦略的かつ統一的なものを作ったことに非常な感銘を受けました。そして、今の中国は、毛沢東の再評価によって、始皇帝は偉大な皇帝だったという評価に変わっているのです。毛沢東は三国志の愛読者です。曹操(そうそう)が劉備(りゅうび)を評価しようとした「英雄は英雄を知る」の歴史の故事は、毛沢東が始皇帝を評価したことで、今の時代に影響を与えることとなりました。

今の中国の国歌の「義勇軍行進曲」は、人民の奮闘によって「新しい長城」を創ろうと歌われています。これは始皇帝の「昔の長城」を肯定した上で、新しく統一した中華世界を守る「新しい長城」を作ることが党と国家の目的になっているということです。現在の中国では、少なくとも共産党のレベルでは、始皇帝は不世出(ふせいしゅつ)の英君(えいくん)という評価に変わっています。中国では、中華世界がたとえ分裂しても、いずれ統一するというのは伝統的な考え方ですが、始皇帝によってその原型ができたわけです。その意味で、始皇帝の業績は、否定のしようがない程たしかなものだと思うのです。

現代に復活すべき始皇帝の政治思想

一方、日本では、始皇帝の評価は一貫して高いのではないでしょうか。日本では、始皇帝は馬鹿だとか、そういう評価は今までなかったと思うのです。どちらかといえば、すごい皇帝だと賞賛していたと思います。日本では戦乱・混乱の世界を統一した英雄は、いずれも高い評価を受けています。昔は日中戦争で日本の天皇の軍隊と中国共産党の軍隊は戦ったわけですが、実はこの両者には共通項があることに私は気づきました。始皇帝の政治戦略です。それをどちらも重視していると思いました。

先の日中戦争でも、大義名分としては、日本はだらしない中国を全部制圧・統一して、「大東亜共栄圏」を建設し、その後は「八紘一宇」といい、全世界を統一するといったことを宣伝していたわけです。「八紘一宇」とは全世界を一つの家のようにするということです。そのため、あちこちに戦線を広げてしまったのですが、全世界の統一は、平和の前提として当然視されてきました。

要するに「世界をひとつにするのはいいことなのだ」と。ひとつにすれば戦争はなくなるというのは、それは確かにその通り(とお)りです。しかし日本もナチスドイツも、世界統一戦略は、軍事的征服によるものでした。統一への手段が、「救いの破壊」になっていたのです。しかし、今後の世界の有り様を考えるときに、世界の政治的な統一、それも道理に基づいた分権的な統一が、人類全体の目標としてますます明らかになるでしょう。これは、始皇帝や徐福の目指した目標であり、現在の日中韓三国について共通の目標だと言うことができます。

私も世界観の研究をかなりしていましたが、最終的にはどんな世界観集団も、目指しているものは「救いの創造」だということは、第1章でも申し上げました。「救いの創造」の第一の条件が、世界の永続的な平和です。始皇帝の達成した中国の統一は、東(ひがし)アジア全体の平和の達成に巨大な効果を齎(もたら)しました。今後は始皇帝の政治思想を現代に復活させるべく、国際的な宣伝組織活動、政治外交活動を、徐福に関係の深い日中韓を中心に強化していくべきです。

中国は日本人の郷里か征服すべき対象か

「古代大和王朝（天智・天武王朝）は、三回真実の歴史を天の岩戸に封印した」とある古神道の研究家が言っていました。三回とは、「徐福東渡」、「八幡神社のもともとの御祭神」、そして「古文書の廃棄」のことと考えられます。これらはいずれも重大な国家機密になってしまいました。しかし、平成の世になって、封印した天の岩戸は開かれると。平成は一八十（イワトと読める）成(ナル)の時代と読めるからだそうです。封印を解かれた天の岩戸から、始皇帝の姿が現れてきそうです。

日本独立に際し、徐福東渡などによって、中国文明の恩恵を受け入れて国の基礎ができた過去を隠し、長い間中国皇帝の政治的権威のもとで国際関係を作ってきた過去を、できうる限り隠蔽（いんぺい）してきた天智・天武王朝の藤原方式の政治権力が、帝国主義という世界の潮流に乗じて明治維新でまた復活しました。そして、多くの日本人にとっての心の本国に、戦争という形で攻め込んだのが日中間の近世の歴史です。明治維新後の神話教育、歴史教育がいわゆる皇国史観で徹底していたために、一般の人々にまで、「中国は征服するべき対象」という考え方が浸透して行きました。「中国は征服するべき対象」という藤原氏など一部の家系で伝承されてきたものの考え方が、公権力によって強制されていきました。

松本清張（まつもとせいちょう）氏の小説に『砂の器（すなのうつわ）』があります。音楽家として成功した主人公が、みじめな生活を送っていた過去を人に知られたくないために、過去を知っている恩人を殺害してしまいます。この音楽家は結局、重大な犯罪者で終わってしまいます。自らの過去を隠すことは、個人であっても国家であっても、あってはならないことです。しかし、独立の当時を振り返ってみて、徐福からの過去をありのままに記紀神話に記載したら、独立への大義名分を明文化するのは大変難しかったでしょう。やむを得ない選択だったのでしょうか。

天智・天武王朝以後の朝廷の中核にいた人々は、こうした秘密をきっと知っていたことでしょう。自分たちは中国系の蘇我氏や豪族、地主を全部征服して大和朝廷（実際は天智・天武王朝）を作ったのだと。親から子へ、子から孫へと、代々伝わっていたような気がします。これらの伝承は、藤原氏の中で最も強く正確に伝わってきたと思います。日本人の血統は、大和民族になり、中国系も北方アジア系もすっかり混血（こんけつ）しましたが、しかし、中国に対する物の考え方は、「中国は日本人の郷里」という考えと、「中国は征服するべき対象」というのとの二つに大別（たいべつ）ができるようです。

始皇帝の思想を体現する世界連邦運動

今の日本は、右派系の人々が多くなったといっても、国民全体からすれば大きな比率があるとは思えません。今の状態では、強硬（きょうこう）な意見を発言（はつげん）した方が有利といった状態になっているので、右派系の発言と存在が目立ってきたということです。そういう人たちの家系の背景がわかると、平安時代の藤原家の家系などの人が、かなりいるのではないでしょうか。

そういう人が、近年は中国を挑発して、結局中国の対応が悪かったので、険悪（けんあく）な状態が起きてしまったわけです。中国の人も、こうしたことがわかると、多少見方が違ってくると思うのです。是非、日本に対する見方が変わってきてほしいと思います。

東アジアでは、いまだ朝鮮の統一問題が未解決です。2013年には、北朝鮮の核兵器関係の危機が起こりました。本来こういう危機を引き起こさないのが人類全体の理想です。いずれにしろ、我々はただ手を拱（こまね）いて見ているのではなく、我々の社会は、一応は自由な社会で、言論の自由も結社（けっしゃ）の自由もあるわけですから、それを利用しない手はありません。

始皇帝の天下統一思想を、現在の世界で具体化する運動として世界連邦運動があります。Ａ・アインシュタインやＢ・ラッセル、日本の湯川秀樹博士がこの運動の提唱者として有名です。世界連邦運動では、国連を世界連邦にという発言は常時聞かれます。国際連合は世界連邦に近づいてはいますが、まだまだ不十分で力不足です。世界連邦が一層現実化するためには、人類史全体に対する歴史認識、世界に共通する人間観、未来への将来展望の確立が不可欠です。

◆「苦しい時の神頼み」は日本人の知恵

内憂外患をかかえる日本の現状

2012年は、尖閣列島（中国名は釣魚島）の領有権をめぐって、日中関係が氷のように冷えました。2013年は、北朝鮮の核ミサイル発射をめぐって、実に危険な状態が続きました。一方、対ロ関係は、何時まで経っても氷解しません。竹島の領有をめぐって韓国とも時々波風が起こります。

これらは、根本的には日本の政治外交がうまく機能していないと言うことです。国内的には原発の事故処理について無害化に達する手立てが見えてきません。大地震の可能性は日本の各地にあり、いつまた重大な事故が発生するかわかりません。富士山噴火の可能性もあります。日本の現状は、まさに内憂外患です。

心を一つに神頼みをして困難打開の道を開く

こうした状況をどう打開すればいいのでしょうか？　日本固有の考え方に「苦しい時の神頼み」があります。これは、実は無責任な態度ではありません。苦しい時には、最も適切な神に対して皆でお参りに行けば、大勢の人々の心がひとつになり、困難打開の道が開けるということなのです。大事なことは、どの神様にお願いするかという選択の問題です。

国取りの神様では、かえって災を招いてしまいます。今後の参拝すべき神様は、国を根本から守ってくれる神様、すなわち日本総鎮守の神、大山祇神であり、その右腕である須佐之男大神です。日本の神が大山祇神と須佐之男大神中心になると、中国、韓国と連携を取ることも十分に可能となり、日中韓は世界統一の中心勢力になれると私は考えています。

神様の祭り方を変える最初の第一歩は、今後の中心になってもらえる神様が鎮座している神社への参拝です。関東にいるときは、大山阿夫利神社に参拝しましょう。初詣では大宮氷川神社が相応しいといえます。伊勢神宮に参拝したときは、必ず外宮も参拝しましょう。京都では伏見稲荷神社が、瀬戸内海なら大山祇神社に、そして博多に立ち寄ったら櫛田神社に参拝することをお勧めします。

◆「救いの創造」の実践に向けて

日中友好の持つ大きな役割

日本は、政治的に自由主義の国です。世論の支持を得て選挙で勝利すれば、政権は無血で変えられます。世論調査をすれば、国民の三分の二は、確固とした支持政党はありません。現状の日中対決、北朝鮮危機は、ほとんどの人は望んでいません。東アジア諸国と友好善隣関係を築ける政治勢力の出現が急務です。今はネットの時代。日本の選挙法も改正されネット選挙が可能になってきました。一般市民が選挙運動に参加しやすい機会が大幅に増えます。歓迎すべきことです。

また、私たち平和愛好者は、東アジアの安定的な平和が実現するように、大変な努力が求められています。２０１２年は日中友好40周年の記念すべき年でした。しかし、不幸なことに友好式典・交流はすべて取り消されました。私たち平和愛好者は、相互の立場意見を尊重したうえで、日中友好の大道に一日も早く復帰しなくてはなりません。

世界観集団は、「救いの創造」を通じ、歴史的な意義を持つことができます。自国の国益ばかり重視するのではなく、他国の国民の「救いの創造」を同時に考慮して政策や外交を行えば、戦争という最大の「救いの破壊」は遠方に去っていくことでしょう。

現状は本当に厳しいです。日中友好と言うと両方から責められてしまうような雰囲気になってしまいました。しかし、日中友好は、今後の東アジアの安定と繁栄に重大な役割を持っています。東アジアの過去をよく知り、現状を深く認識することで、必ずや未来を拓くことができると考えています。

何が「救いの創造」になるのか

また、今の社会は自由主義社会ですが、厳しい競争社会であり、ストレス社会と言われます。多くの難題やストレスに囲まれて、人々は耐え切れなくなって病気になったり、犯罪の加害者や被害者になったり、思いつめて自殺したりする人も少なくありません。難題やストレスに対処するときには、行動を選択しなくてはなりません。選択する時には、それぞれの人によって基準（きじゅん）があります。その基準を間違えると身（み）の破滅（はめつ）へとつながります。

私はこの基準（きじゅん）をすでに持っています。すなわち、何が自分と他人を含めて「救いの創造」になるかの判断です。何をすると自分や他人にとって、「救いの破壊」になるかの判断です。みなさまに対して申し上げたい。「救いの創造」を促進し、「救いの破壊」を防止するという価値基準、判断基準を、是非取り入れていただきたいと思います。この基準は、世界観集団の輪（わ）を広げ隆盛にする価値基準です。この価値基準を取り入れた人々がひとり増える毎に、未来はますます輝かしいものになると信じています。

あとがき　私の出自と出雲の神々

私の郷里は出雲の神々の移住先だった

1943（昭和18）年12月10日、私は当時の大宮市大成町で生まれました。当日は、武蔵一宮氷川神社の大湯祭で、戦争の真っ最中ながら賑わっていました。大宮には鉄道工場があったのですが、そこを目標にB29が飛んできて、父親も機銃掃射を受けたそうで、これは危ないということで、大宮市から、当時の埼玉県北足立郡上平村、現在では上尾市の先祖伝来の土地に戻りました。私はそこで、小学生時代の多くを過ごすことになりました。アサヒグラフで原爆の写真を見たのも、ここの家の縁側でのことです。

その家では秋になると、鶴の子という品種の甘柿がたくさん実りました。私は柿の木に登り手で取って、毎日腹いっぱい食べていました。夏祭りの時には、獅子舞が家の中を駆け抜けて行きました。秋祭りの時は鎮守の森で、ヤマタノオロチ退治のお神楽が演じられていました。これらは子供の時の幸せな思い出です。上平村大字南には、須田一族がたくさん住んでいましたが、ほとんどが地主でした。この上平村の須田一族は、昔から神田須田町の須田と言われていて、私の家はもともとの本家でした。今もひとつの墓地の中はすべて須田姓です。そして、お葬式は全部神葬祭で、氷川神社の神主さんが執り行ないます。

氷川神社で祀られているのは、須佐之男大神、稲田姫命、大国主神です。全部出雲の神様です。なぜ、埼玉県大宮市（現さいたま市大宮区）で出雲の神様を祀っているのか、最初はわかりませんでした。しかし、後から知ったのですが、出雲から武蔵への大移住というのがあったのです。出雲の人たちは国を譲った後どうしたのかは、古事記や日本書紀には書いてないのですが、出雲の国はきれいに整理整頓して、それで大移住してきたのです。

なお、神田須田町と上平村とは、荒川、須田川という名称もある隅田川、神田川の水運で通じています。桶川市と川越市の間の、荒川にかかる太郎衛門橋は、私の御先祖の須田太郎衛門が音頭を取ってかけたそうです。東京神田には、江戸総鎮守の神田神社（神田明神）があり、同じく出雲の神の大国主神と、少彦名神、および武家政権への門戸を開いた平将門公をお祭りしています。

私の名前は、育邦といいますが、これは氷川神社の神主さんにつけてもらった名前です。靖国神社とは全く無関係ですが、子どもの頃、神社というあだ名がついていたことはあります。ちなみに、読みも漢字も同じ人には、いまだに会ったことも、聞いたこともありません。

母親の出身地は、長野県塩尻市で、諏訪大社の影響の強い所です。旧姓は太田です。木曾檜の素晴らしさとか、御柱祭りの話など聞きました。ここも出雲系の土地柄です。私の家柄は、両親とも出雲系であって、子どものときに聞いた話とか経験は、その後の思想形成に重要な影響があったと実感しています。

重視したい天照大神以前の神々

近年の政治状況を見るにつけ、やはり日本の政界は保守派(ほしゅは)が根強いことは明らかです。これは、日本の伝統、特に皇室を重視しつつ、かつアメリカとも自由主義の価値観を共有して西側世界で生きようとする人々で、自由民主党が中心です。

これに対し、最近は右派系、超保守の立場の人々が権力に近づいて来ました。その考え方は、皇室重視を徹底して、アメリカへの従属的(じゅうぞくてき)な関係を断ち切ろうとしています。石原慎太郎さんたちの立場です。自由民主党の中でも、この立場に近い議員の比率が高まっています。

これらに対して私の立場は、日本神道の中で「超超保守」といえます。その理由は、天皇家の神、天照大神以前に日本の中心的存在だった出雲の須佐之男大神、大国主神や大山祇神を、天照大神よりも一層根源的な神として重視しているからです。その意味で、超保守の皆さんは私が最も重視する神々への橋渡(はしわた)しをしているわけで、その役割は理解できます。

これまでも度々、天照大神と須佐之男大神との関係を書きました。私の場合、全部出雲の神と関係していますから、やはり出雲の神々を強制して国を譲らせたという天皇家の神様には、気持ちのうえで、何かしっくりとはいきません。皇居にしても、もともとは江戸城または千代田城と呼ばれ、太田道灌が築き、徳川家で大改修をしたものです。天皇家にとってはもともとの居所ではありません。明治天皇は初めての千代田城入城後、すぐに氷川神社に参拝されて御親祭をされて、出雲の神々に対して何か申し上げておられますが、須佐之男大神の御心はとても複雑であったと私は推察しています。その御心は、「先にお力を発揮されてはいかがですか」というような御心だったと思われます。これは現在の暦で明治元年10月28日のことです。

しかし、今上天皇陛下御一家に対しては、何か大変なお立場におられるなとは思います。やはり、天皇陛下は、実際のところ全く自由がなく、何か気の毒な感じがしています。しかし、そのなかでも、両陛下のさまざまな行動を見ていますと、すごく優しさを感じます。ちなみに、私の父親は昭和天皇から叙位叙勲をされていますから、こちらは謹んでお受けしています。

今の日本は、明治維新のときと、戦後のときがそうであったように、大きく国の在り方を変えなくてはならない時代に来ています。天皇中心の考え方は、私の世界観集団の理論でいえばひとつの世界観なのです。天皇家を支えている人々は天照世界観集団の一員です。では、今国際的に見た場合、その天皇中心の世界観集団が他の国に広がるかといえば、広がりません。これは、どう見ても将来性はありません。そこを、どうしていくのか、どう考えていけばいいのかは、日本の未来にとって大きな課題で、憲法改正論議の最初の試金石になります。

右派系の人々には、天皇陛下を元首にという考え方の人が多いようです。しかし、そういう内容の憲法改正が実現したら、それこそ将来の日本は自分の縄で自分を縛るようなことになります。近隣アジア諸国とともに築いていけるはずの輝かしい東アジアの未来への選択枝が、大きく後退してしまいます。いわゆる自縄自縛です。

日本が大きくそのあり方を変えるために、私がここまで書き記してきたことを、ぜひとも参考にしていただきたいとお願いする次第です。いずれにしても、日中関係や北朝鮮関係が危ない時期なので、日本人はもちろん、中国や韓国の方にも、少しでも本書を読んでいただければ幸いです。

【参考資料】徐福の歌／作詞　須田育邦

千昌夫さんの歌った北国の春のメロディーで歌えます。

1番

徐福は海を越えてやってきた
寧波慈渓の達蓬山から九州佐賀の諸富へ
船には三千人の童男童女と、あらゆる技術者と穀物を載せて
この時から日本三島、弥生文化の花が開いた。

2番

徐福は船に乗り三島を探検だ
童男童女と穀物を下ろして各地に村造り
山に入っては薬を探し、海に出てはクジラを取った
童男童女は次々と子孫を増やした。

3番

徐福は最初の倭王になった。鎮守の神様は徐福のことです

新宮と富士山は徐福のお気に入り
徐福伝承は各地の誇りです
東アジアのこれからは、徐福の縁で大団結。

徐福記念館所在地：〒315331

中国浙江省寧波市慈溪市龍山鎮蓬莱中街654号

ご連絡メールアドレス：dapengshan@yahoo.co.jp

ご連絡携帯電話：13917794808（中国）、080-3474-8266（日本）

ご連絡QQ：381849661.

開館時の写真

徐福記念館の目的と活動内容

徐福記念館　館主
須田育邦

徐福記念館は、徐福たちが最後の船出をしたと伝えられる浙江省寧波の達蓬山山麓に建設されました。この記念館は日本側が中心になって計画され、その後中国側から支持が与えられました。この徐福記念館は文化交流施設です。私たち、日本人は盆暮れには里帰りをして、ご先祖様に感謝の挨拶をすることが当然のこととなっています。徐福とその同乗者たちが今の日本人の重要な先祖であることが明らかになった以上、寧波達蓬山は日本人全体の郷里です。徐福記念館の目的は日本人の里帰りを円滑に進めるための施設です。

徐福記念館の主要業務のご案内

① 日本人の里帰り施設としての利用。
② 達蓬山の旅遊開発の推進。
③ 中国工人と日本百工の合作の推進。
④ 中国農民と日本農民の新しい五穀を用いた合作の推進。
⑤ 中国青少年と日本青少年の、教育・文化交流の推進、相互の留学の推進。
⑥ 現代の不老長寿（健康な生活）のために、医療・福祉分野の合作推進。
⑦ 以上に関連する業務、特にインターネットの活用。

あなたのストレスは心の病 !?

銀谷翠・著、神津健一・監修

定価　1200 円 + 税

ストレスだと思っていたら、じつは心が病んでいるかも…。やたら薬に頼るのはやめるべき、と著者の美人女医がはっきり主張します。

安倍政権の強みがわかる—日本［精神］の力

エマヌエル阿部有國・著

定価　1200 円 + 税

安倍首相と交流のある著者が、安倍政権は将来この方向に進んでいく、と政治思想を斟酌して予告。鋭い持論もまじえて解説します。

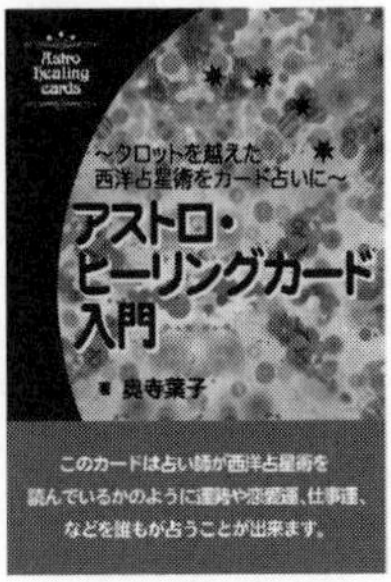

アストロ・ヒーリングカード入門

奥寺葉子・著

定価　2500 円 + 税

著者が独自に西洋占星術をカード化した、画期的な占いツールです。タロットカードよりも運勢がピタリとわかります。

平成出版 について

本書を発行した平成出版は、優れた識見や主張を持つ著者、起業家や新ジャンルに挑戦する経営者、中小企業を支える士業の先生を応援するために、幅ひろい出版活動を行っています。

代表 須田早は、あらゆる出版に関する職務（編集・営業・広告・総務・財務・印刷管理・経営・ライター・フリー編集者・カメラマン・プロデューサーなど）を経験してきました。

また90年代にはマルチジャンルの出版をめざした会社を設立し、わずか５年間で40倍の売上高を達成、「サルにもわかる」シリーズ等、400点以上の書籍、100点以上の雑誌を発行しました。

その後、さまざまな曲折があり、新たに平成出版を設立。

「自分の思いを本にしたい」という人のために、自費出版ではなく新しい協力出版の方式を提唱。同じ原稿でも、クオリティを高く練り上げるのが、出版社の役割だと思っています。

出版について知りたい事、わからない事がありましたら、お気軽にメールをお寄せください。

book@syuppan.jp　　平成出版 編集部一同

戦争と平和　「徐福伝説」で見直す東アジアの歴史

平成26年（2014）6月13日　第１刷発行

著　者　須田育邦（すだ・やすくに）
発行人　須田　早
発　行　平成出版 株式会社

〒150-0022 東京都渋谷区恵比寿 南 2-25-10-303
TEL 03-3408-8300　FAX 03-3746-1588
平成出版ホームページ http://www.syuppan.jp
メール: book@syuppan.jp

発　売　株式会社 星雲社
〒112-0012 東京都文京区大塚3-21-10
TEL 03-3947-1021　FAX 03-3947-1617

編集・構成／徳留佳之
本文DTP／デジウェイ（株）内山操子
印刷／（株）NHIコーポレーション、（株）プラスコミュニケーション